아름다운 사람

아름다운 이야기

김재숙 선생님이 들려주는
아름다운 사람
아름다운 이야기

김재숙 엮음

창조문예사

머리글

무지랭이 같은 저에게는 소박한 꿈이 하나 있습니다. 그 꿈은 마음에 찡한 감동을 주는 아름다운 이야기, 더운 여름날 타는 갈증을 해소해 주는 냉수 한 그릇 같은 이야기들을 많이 모아서 사랑스런 어린이들에게 전해 주어 그들의 삶을 풍성하게 해 주는 것입니다.

세상에는 우리가 알지 못하지만 놀랍고도 감동적인 이야기가 많이 있습니다. 우리는 그것들을 찾지 못하고 또 알고 있어도 늘 잊고 삽니다. 그런데 어린이들은 이런 이야기들을 좋아하고 많이 듣고 싶어 합니다. 그리고 그들은 그 이야기들 속에서 어떻게 사는 것이 가장 아름다운 삶인지를 배우게 됩니다.

처음 교단에 섰을 때 학과목만 잘 가르치면 좋은 교사인 줄 알고 열심히 가르쳤습니다. 그러나 꼭 한 해가 지나고 나서 아이들에게 "일 년 동안의 삶 중에 가장 기억에 남는 것이 무엇이니?"라고 물으면 한결같은 대답이 "아침마다 또는 때때로 들려주셨던 이야기예요"였습니다. 또한 그들은 "우리 후배들에게도 그 이야기를 꼭 들려주세요"라고 부탁하기도 했습니다.

어린이들이 공부보다 이야기를 통해 많은 영향을 받고 그들의 삶이 아름답게 변화되는 모습을 보면서, 저는 교육이란 지식을 가르치는 것도 중요하지만 올바른 인격을 갖춘 사람다운 사람으로 만드는 것이라는 나름의 교육 철학을 갖게 되었습니다. 그리고 이전보다 더 열심을 내어 좋은 이야기를 수집하고 들려주게 되었습니다.

또한 우리 집 아이들은 잠자리에 누우면 "엄마, 옛날 이야기 하나만…… 아빠, 성경 이야기 하나만……" 하면서 졸라댑니다. 그럴 때마다 그 많던 이야기들이 떠오르지 않아 고민하던 저는 언젠가부터 좋은 이야기를 보면 기억해 두고 수집을 하게 되었습니다.

그리고 이런 이유로 20여 년 동안 모은 이야기들을 저는 이제 하나의 책으로 엮고자 합니다. 그것은 어린이를 가르치는 교사는 제자들에게, 부모들은 자녀들에게 아름다운 인생관과 가치관을 심어 주는 좋은 자료로 활용할 수 있기를 바라는 마음과 작은 것이나마 나누고 싶은 마음 때문입니다. 오랜 세월에 걸쳐 수집한 까닭에 이 글들의 출처를 밝히지 못한 것이 아쉽습니다.

이 책이 나오기까지 격려와 조언을 해 주신 조수웅 은사님, 문재창 교장 선생님, 유성림 선생님, 윤재월 집사님께 감사드리며 창조문예사 임만호 사장님과 직원들에게 감사드립니다. 아울러 사랑과 정성으로 늘 행복을 주셨던 부모님, 남편, 사랑하는 주형, 의현에게 이 책을 바치며 아름다운 이야기를 알게 하신 하나님께 영광을 드립니다.

2007년 봄을 맞이하며

김재숙

추천의 글

아름다운 사람의 아름다운 이야기

조수웅 박사
국어과 교사 정년퇴임 후 현 전라남도 문인협회 회장

봄맞이 집안 대청소를 하다가 우연히 초등학교 시절의 국어책을 발견했는데, 누렇게 바래고 다 해어진 채 쥐똥에 얼룩진 그 책을 펴는 순간, 담임 선생님이 중요하다며 몇 번이고 강조하시던 대목에 빨간 색연필로 덧칠했던 부분이 눈에 띄어 반가운 마음에 어찌할 바를 몰라했던 일이 있다. 김재숙 님을 만난 것도 이와 비슷하다. 20년 전인지 아니면 30년 전인지 기억도 희미한 어느 날 교육대생이 된 김재숙 님이 어렵사리 찾아냈다며 우리 집을 방문한 적이 있다.

"선생님을 찾아뵙고 싶었습니다. 여러 차례 수소문하던 끝에 기어이 찾아내고 말았습니다."

김재숙 님이 이런 식의 인사말을 했을 때, 나는 그저 '교내생이 되다 보니 내 생각이 간절했겠지' 정도로 받아들였다.

"선생님! 저는 사실 선생님을 만나고 나서야 우등생이 될 수 있었고, 그 여세를 몰아 공부한 덕에 교대까지 오게 되었습니다. 선생님을 뵙고 그 고마운 마음을 꼭 전해 드리고 싶었습니다."

김재숙 님이 이런 천만 뜻밖의 이야기를 꺼냈을 때, 나는 두 손을 가로 내질렀다.

"무슨 당치않은 소린가? 나는 자네를 다른 학생과 똑같이 지도했을 뿐이고, 더군다나 자네에 대한 특별한 기억도 전혀 없다네."

"하지만 저는 5학년이 될 때까지 상 한 번 탄 적이 없었는데, 선생님을 만나고 나서부터 줄곧 우등생이 되었습니다."

"자네도 일선 교사가 되어 한 번 해보시게나. 자네의 숨은 실력이 6학년에서야 비로소 발휘되었을 뿐일 걸세."

대강 이런 대화를 주고받으면서 나는 예의 그 국어책 중의 한 페이지가 떠올랐다. 그 많은 페이지, 그 많은 문장 중에서 하필이면 왜 그 곳에 빨간색을 덧칠했을까. 그때 나는 그 부분을 얼마나 소중히 여겼을까. 지금 김재숙 님의 아름다운 이야기들을 듣는 심정이었다고나 할까! 하여간 김재숙 님과 나는 남쪽 강진 지방 면 소재지도 못 되는 한 동네 학교의 사제지간이다. 그 연유로 다 해어져 보일 둥 말 둥 한 그때 교과서를 다시 꺼내 들었을 때처럼, 그 중의 빨간 색연필로 도배질한 그 구절을 몇 번이고 되읽는 심정으로 김재숙 님의 아름다운 이야기들을 찬찬히 들여다보았다. 참 아름다운 사람의 아름다운 이야기들이었다.

요즈음 인터넷에 널리 알려진 '고도원의 아침 편지' 형식의 일기로 보이는 김재숙 님의 산문들은, 글쓴이의 정신적 깊이와 정서적 폭 그리고 기독교적 가치관이 잘 배어 있다. 글쓰기가 갖추어야 할 기본적인 요소가 단순한 기교나 솜씨가 아니라, 그 글을 다루는 작가의 정신이라고 볼 때, 다시 말해 독서란 작가가 갖고 있는 치열한 정신과 만나는 적극적인 행동이라고 볼 때 만날 만한 정신이 없는 책은 아무런 의미가 없다. 그런데 김재숙 님의 글에는 그런 만날 만한 정신들이 수두룩하다. 매편마다 색다른 정신과 아름다운 정서, 그리고 종교적 승화가 촘촘히 배어 있어 그야말로 마음의 양식이라고 할 수 있다.

김재숙 님의 아름다운 이야기들과 관련하여 내 꽁트 '교탁의 네발'을 예로 든다.

내 앞에 서 있는 이 교탁이 교탁으로서의 역할을 제대로 하려면 우선 네 발이 반듯해야 한다. 네 발 중 어느 하나만이라도 길거나 짧으면 교탁은 기우뚱거려 제구실을 다하지 못한다.

마찬가지로 사람이 사람으로서의 구실을 제대로 하려면 어째야 할까?

도식적인 설명은 대학생이 가져서는 안 되는 가장 경계해야 할 접근 방법이지만, 편의상 사람은 정신과 육체, 즉 얼멩이와 몸멩이로 구성되었다고 치자. 그렇다면 정상적인 사람이 되려면 얼멩이와 몸멩이가 균형을 이루어야 할 것이다.

예컨대 몸멩이는 어른인데 하는 짓이 어린이라면 우리는 이를 정신병자 취급을 한다. 반대로 미처 크지도 않은 유치원생이 뒷집 대학생을 짝사랑한 나머지 상사병에 걸린 경우도 정신병자 대우를 하기는 마찬가지다.

그렇다면 사람의 정신과 육체는 어떻게 클까? 몸멩이는 엄마 뱃속에서 무사히 태어나 특별한 병이 없는 한 알맞은 영양 섭취와 적당한 운동으로 커 가게 마련이다.

얼멩이는 어떻게 큰다고 생각하나? 이에 대해서 어떤 학생은 이렇게 대답한다.

"예, 독서라고 생각합니다. 사람의 정신 세계를 살찌우려면 독서를 많이 해야 한다고 생각합니다."

또 어떤 학생은 이렇게 대답한다.

"독서는 간접 체험에 불과합니다. 정신 세계를 키우기 위해 더 절실한 것은 직접 체험이라고 생각합니다. 구체적으로 등산, 여행, 낚시, 각종 스포츠 등을 통해서 정신 세계를 키울 수 있다고 봅니다. 더 나아가서 인생의 쓴 경험, 다시 말해 세파를 타고 넘어 몇 번의 죽을 고비에서 살아 남은 자만이 정신적으로 충분히 클 수 있다고 생각합니다."

내가 "더 없나? 물론 정답이 따로 있는 게 아냐. 그냥 자기 생각을 말하면 되지"라고 하자 누군가가 이렇게 대답한다.

"예, 뭐니 뭐니 해도 인간의 얼멩이를 살찌우는 가장 큰 덕목은 사색이라고 생각합니다. 그냥 고민이라고 해도 좋습니다. 인간의 학명이 바로 호모사피엔스인 것만 봐도 알 수 있습니다.

'삶이란 이런 것이다. 따라서 이렇게 살아라. 그런 삶이 바로 바람직한 삶이다'라고 인생살이의 등불이 될 만한 말씀을 해주신 성인들도 그런 말씀을 하루아침에 문득 깨달아 한 것은 아니라고 생각합니다. 석가모니처럼 수많은 날을 밥도 굶은 채 면벽하며 골똘히 생각한 끝에 나온 말씀이라고 생각합니다. 우리는 그만한 절대 고독의 경지까지는 못 가더라도 세상사를 사색하고 살아야만, 다시 말해 고민하고 살아야만 정신으로 커 가는 것이 아닐까요."

그러면 스스로 자신들을 한번 되돌아보자. 지난번 체육 대회나 동아리 모임 그리고 각종 엠티(M.T)에서 온밤을 새며 뛰고 굶고 정말이지, 대학생들 대부분은 시간 가는 줄 모르고 즐기며 맘껏 젊음을 발산했다. 물론 이는 젊음의 특권이다. 보고 있는 우리도 부러워할 만큼 아름다운 모습들이었다. 하지만 '왜 나는 대학에 왔는가. 나는 왜 이런 전공을 택했는가. 어떻게 하는 게 가장 바람직한 대학 생활인가?'를 온밤을 하얗게 지새며 고민해 본 학생이 과연 몇 명이나 될까를 생각하면 우리는 과연 얼뎅이와 몸뎅이가 균형을 이룬 대학생인지 의문을 갖게 된다.

교탁으로서의 역할을 제대로 하려면 우선 네 발이 반듯해야 한다. 네 발 중 어느 하나만이라도 길거나 짧으면 교탁은 기우뚱거려서 제구실을 다하지 못한다. 혹시 네 발이 맞지 않는 교탁은 없는지 다시 한 번 점검해 봐야 할 것이다.

이 꽁트에서 강조했던 얼뎅이를 키우는 그 마음의 양식이 바로 김재숙 님의 아름다운 이야기들이 아닐까 한다.

추천의 글

사람들에게 꼭 들려주고 싶은 이야기

문재창 교장
서울 길원초등학교

「이야기 주머니」를 보면 이야기를 좋아하는 사람이 세상 이야기를 주머니에 넣어 두고 혼자만 갖고 있다가 신랑이 되어 주머니에 넣어 둔 이야기들로 인하여 어려움을 당할 뻔하자 이야기 주머니를 열어 세상에 보냈다는 이야기가 있습니다. 아름다운 이야기, 좋은 이야기들을 어디엔가 숨겨 둔다는 것은 정말 안타까운 일입니다. 저는 이 아름다운 이야기를 읽고 「이야기 주머니」에서처럼 이 이야기들이 세상에 나가 많은 사람들에게 사랑과 용기와 희망과 감사와 기쁨과 평화를 줄 수 있으면 좋겠다는 생각을 했습니다.

학교에서 선생님들의 의무는 어린이들에게 많은 지식을 가르치고, 사람다운 사람으로 길러내는 것입니다. 교사들은 어린이들이 그 시기에 알아야 할 지식을 꼭 알도록 가르치는 것이 중요합니다. 그리고 어린이들이 아름다운 인격을 갖춘 사람다운 사람이 되도록 만드는 것이 중요합니다.

  요즘은 갈수록 세태가 다양해져서 학교에서도 어린이들을 보면 예전 같지 않게 이기적이고, 자기 자신밖에 모르며, 사회의 바르지 못한 모습을 그대로 보이는 어린이들이 많습니다.

  그런데 지식은 학교, 학원, 인터넷 등 어디에서나 배울 수 있으나, 인격은 가정과 학교에서 가르쳐야 할 의무와 책임이 있습니다. 그래서 이 책은 어린이들의 인격 교육에 필요한 좋은 삶의 글들이라는 점에서 아주 가치가 있음을 강조하고 싶습니다.

  어린이들에게 "지식으로 효도해라, 착해야 한다"고 해서는 설득력이 없습니다. 아름다운 인생을 성공적으로 살아간 사람들의 이야기를 통해 어린이들의 삶을 아름답게 엮어 갈 수 있는 길을 안내해 주어야 합니다. 그런데 이 책은 이러한 역할을 해주는 참으로 살아 있는 이야기라는 점에서 매우 큰 가치가 있다고 봅니다.

  '이야기 주머니'의 이야기들이 세상에 널리 나가 많은 사람들에게 갔듯이, 이 아름다운 이야기들이 세상의 어린이들과 사람들에게 씨앗이 되어 많은 사람들의 마음에 아름다운 사랑의 싹이 트길 바랍니다.

- 머리글 _ 05
- 추천의 글 _ 08

차례

제1부 _ 행복한 사람

작은 빵 _ 29

가장 아름다운 그림 _ 30

절약과 검소 _ 32

셰익스피어 _ 34

축복이 된 고난 _ 36

알베르 까뮈 _ 38

5분 사건 _ 39

어리석은 닭 _ 40

공짜와 함정 _ 41

세상에는 절대로 공짜가 없다 _ 42

행복한 사람 _ 44

기부하는 사회 _ 46

록펠러의 결단 _ 49

행복한 사람

나눔 _ 50

낭비 _ 52

아름다운 그릇 _ 54

풍선 속이 중요하다 _ 56

고요한 날 쓰러진 고목나무 _ 57

왕따 개구리 _ 58

소년과 물새알 _ 60

내 탓이요 _ 62

도벽을 고친 사랑 _ 64

두 마리 원숭이 _ 66

소년과 강아지 _ 68

아름다운 말 _ 70

명강의 _ 72

추장 후계자 _ 74

미래를 여는 물음 _ 76

미련한 안주 _ 78

생명을 구한 미소 _ 80

목표 잃은 양 떼 _ 82

제2부_걘 내 친구니까요

버려야 얻는 비밀 _ 85

초승달과 보름달 _ 86

농부와 여우 _ 88

법 앞에서 _ 90

허황된 꿈 _ 92

입학 시험 _ 93

진주 _ 96

네 마리의 황소 _ 98

바이올린과 연주자 _ 100

마부 사랑 _ 101

사랑의 묘약 _ 102

영원한 스승 남강 이승훈 _ 104

나무 치료사 _ 106

나 언제나 그대 곁에 _ 108

남편의 사랑 _ 110

문어의 자식 사랑 _ 112

지혜로운 부부 _ 114

걘 내 친구니까요

못난 여인의 참 사랑 _ 116

아버지의 소원 _ 118

그때 얼마나 추우셨습니까? _ 120

사랑과 용서 _ 122

어머니와 눈먼 딸의 만남 _ 123

사랑의 약상자 _ 124

사랑차 만드는 법 _ 125

걘 내 친구니까요 _ 126

백선행 _ 128

심는 대로 거두는 법칙 _ 130

선행의 결과 _ 131

미켈란젤로 _ 133

하버드 대 총장 루딘스틴의 어머니 _ 134

앤드루스 박사 _ 136

가장 소중한 재산 _ 137

스승의 은혜 _ 140

장군의 아들 _ 142

베이브 루스와 야구 _ 144

제3부_황금과 씨앗

실천 _ 149

시간의 가치 _ 150

우아하게 늙는 다섯 가지 묘약 _ 152

고통받은 수양대군 _ 154

뺑소니 운전자의 최후 _ 156

5억보다 큰 양심 _ 158

백 년 후에 필 꽃 _ 160

오늘 할 일 _ 162

나 때문에 _ 163

옷이 날개인가 _ 164

눈을 멀게 한 욕심 _ 166

욕심 많은 할머니 _ 168

인디언의 용서 _ 170

대장 병아리 _ 172

황금과 씨앗 _ 173

감성과 우리 몸의 변화 _ 174

인생이란? _ 175

위로 _ 176

맥주를 주셔서 고맙습니다 _ 178

망원경 렌즈 닦는 일 _ 180

불타 버린 오두막 _ 182

흥부와 놀부 _ 184

늙은 어머니의 지혜 _ 186

양사언의 어머니 _ 188

제일 좋고도 제일 나쁜 것 _ 189

판사와 주방장 _ 190

진실 _ 192

화씨의 옥 _ 194

징글벨 _ 196

막사이사이 대통령 _ 198

일하여 얻자 _ 200

당신들은 패배주의자! _ 202

친절한 마음 _ 204

포기하지 말라 _ 206

몸의 향기 _ 208

황금과 씨앗

행복 _ 210

마리안 앤더슨 _ 212

수상을 감동시킨 효심 _ 214

풋사과 때문에 _ 216

가마우지 낚시 _ 218

희생 _ 220

장수의 비결 _ 222

제1부

행복한 사람

작은 빵

 날마다 점심 시간 무렵이면 빵을 여러 개 구워 가지고 공원에 나와 배고픈 아이들에게 나누어 주는 늙은 부부가 있었습니다.

"한 개씩만 가져가거라. 그리고 내일 또 와."

아이들은 이 말이 끝나기가 무섭게 서로 먼저 큰 빵을 가지려고 앞을 다투었습니다. 그러나 늘 모두가 빵을 가져간 뒤에야 마지막 남은 작은 빵을 집어드는 소녀가 있었는데 그 소녀는 꼭 "감사합니다"라는 인사를 잊지 않았습니다.

어느 날 소녀는 동생과 나눠 먹으려고 작은 빵을 쪼개다가 깜짝 놀랐습니다. 그 안에 은돈 여섯 닢이 들어 있었기 때문입니다. 소녀는 얼른 돈을 가지고 늙은 부부의 집으로 달려갔습니다.

그때 할아버지와 할머니는 환한 웃음으로 소녀를 반기면서 "이 돈은 감사할 줄 아는 착한 아이에게 주는 선물이란다. 네 돈이야"라고 말씀하셨습니다. 그러고는 아직도 숨을 헐떡이는 소녀의 손을 꼭 잡아 주셨습니다.

가장 아름다운 그림

세상에서 가장 아름다운 그림을 그리고 싶은 화가가 있었습니다. 그는 곧 결혼을 앞둔 신부에게 세상에서 가장 아름다운 것이 무엇이냐고 물었습니다. 그러자 그녀는 이렇게 말했습니다.

"사랑이지요. 사랑은 가난을 부유하게도 하고, 적은 것을 많게도 하며 눈물을 달콤하게 만들기도 하지요. 사랑이 없이는 아름다움이 없어요."

화가는 고개를 끄덕였습니다. 그리고 이번엔 목사님께 똑같은 질문을 던졌습니다. 목사님은 이렇게 말했습니다.

"그것은 믿음이지요. 하나님을 믿는 간절한 마음이야말로 세상에서 가장 아름답습니다."

그는 목사님의 말에도 수긍이 갔습니다. 그러나 더 아름다운 무엇인가가 있을 것만 같았습니다. 때마침 지나가는 지친 병사가 있기에 그 병사에게 물었습니다. 병사는 이렇게 대답했습니다.

"무엇보다도 평화가 가장 아름답고, 전쟁은 가장 추한 것입니다."

 순간 화가는 사랑과 믿음과 평화를 한데 모으면 멋진 그림이 될 것 같았습니다. 그래서 어떻게 할까 고민하면서 집으로 돌아오는데, 그의 머리에서 번쩍 하고 무언가가 스쳤습니다.

 그는 자기 아이의 눈 속에서 자신을 향한 믿음을 발견했습니다. 또 아내의 눈에서 자신을 향한 사랑을 보았으며, 사랑과 믿음으로 세워진 가정에 평화가 있음을 깨달았습니다.

 얼마 뒤 화가는 세상에서 가장 멋진 작품을 완성했습니다.

 그 작품의 제목은 바로 '가정' 이었습니다.

절약과 검소

세계에서 가장 많은 물건을 파는 슈퍼마켓 월마트의 창업자 월튼은 재산이 20조 원도 넘는 갑부였습니다. 그러나 그는 단돈 1센트의 소중함을 아는 검소한 생활을 평생 실천한 사람이었습니다.

하루는 월튼을 취재하기 위해 모인 기자들이 검소하기로 소문난 그를 시험해 보기로 했습니다. 월튼이 걸어가는 길에 1센트짜리 동전을 던져 놓고 그가 그 동전을 줍는지 안 줍는지를 보기로 한 것입니다.

기자들이 동전을 던져 놓고 채 1분도 지나지 않아 월튼이 탄 자동차가 나타났습니다. 자동차에서 내려 걸어오던 월튼은 갑자기 허리를 굽혀 동전을 주웠습니다. 세계적인 갑부가 보통 사람들도 소홀히 보아 넘기는 1센트짜리 동전을 주우려고 허리를 굽혔다는 사실에 기자들은 놀랐습니다.

취재가 시작되자 한 기자가 조금 전에 자신들이 한 일에 관한 이야기를 꺼내며 사과했습니다. 그러자 월튼은 이렇게 말했습니다.

"나는 대 공황 시기를 겪었고, 어린 시절부터 무엇이든 아끼는 생활에 익숙해 있습니다. 많은 기업가들이 웬만큼 성공하고 나면 나는 할 만큼 했다면서 땅을 사들이는데, 그게 바로 망하는 지름길이 아니겠습니까?"

월튼은 세계적인 갑부가 되어서도 구멍 가게 점원으로 시작할 때처럼 허름하지만 편한 옷차림으로 털털거리는 픽업 트럭을 타고 필요한 물건을 직접 사러 다녔습니다. 그의 아내는 남편이 운영하는 가게에서 비누 한 장 그냥 가져가서 사용할 수가 없었습니다. 네 명의 자녀들도 수업이 끝나면 가게에서 일을 하고, 신문 배달도 하도록 시켰는데, 그것은 손자들에게도 똑같이 시켰습니다. 그는 자신의 아이들과 손자들에게 '게으른 부자'라는 소리를 들으면 용서하지 않겠다는 말과 함께 1센트의 소중함을 항상 가르쳤습니다.

셰익스피어

 셰익스피어는 아버지가 정치계에 뛰어들어 재산을 모두 날리는 바람에 집안이 쫄딱 망해서 어려운 삶을 살아야 했습니다.

그는 1587년 취직을 위해 아내와 세 아이를 데리고 런던으로 갔습니다. 그 곳에서 가난과 굶주림에 허덕이다가 초조한 마음을 잊으려고 자신이 좋아하는 연극을 보러 갔다 나오는 길에 옛 친구를 만나게 됩니다. 그리고 그 친구의 도움으로 연극을 보러 오는 신사들의 시중을 들고 그들의 마차를 관리하는 일을 하게 되었습니다. 그는 초라한 허드렛일이었지만 조금도 부끄럽게 생각하지 않고 연극을 볼 수 있어 기쁜 마음으로 일을 했습니다.

이렇게 극장에서 일하면서 그 곳에서 공연되는 연극을 유심히 지켜보던 셰익스피어는 스스로 틈틈이 희곡 작품을 쓰기 시작했습니다. 그리고 스물일곱 살 때 「헨리 6세」라는 작품을 썼는데 뜻밖에 대 성공을 거두었습니다. 이로 인해 그는 본격적으로 연극계에 발을 들여놓게 되었습니다.

셰익스피어는 주로 부자들과 귀족 사회를 신랄하게 비판하는 작품을 써서 관객들에게 대단한 호응을 받았습니다.

그가 쓴 희곡 「로미오와 줄리엣」, 「한여름 밤의 꿈」, 「베니스의 상인」 등은 그동안 전 세계에서 수만 번 공연되었고, 그의 4대 비극 「햄릿」, 「오셀로」, 「리어 왕」, 「맥베드」 역시 수백 년이 지난 지금까지 계속 공연되며 많은 사람들의 사랑을 받고 있습니다.

축복이 된 고난

유명한 이탈리아의 지휘자 토스카니니의 이야기입니다.

그는 오케스트라를 지휘할 때 악보를 모두 외워서 지휘하기로 유명합니다.

원래 그는 첼로 연주자였는데 선천적으로 눈이 나쁘기 때문에 악보를 보고 연주하는 것이 어려워 자기 파트를 다 외우고 남의 파트도 외워야 했습니다. 왜냐하면 언제 무슨 파트가 들어오고 나가는지를 알아야 자기 파트에서 실수를 하지 않기 때문입니다.

그런데 어느 날 연주회 직전에 지휘자가 갑자기 병원에 입원을 해서 나오지 못하는 일이 생겼습니다. 누군가가 대신 지휘를 해야 했는데 그 많은 오케스트라 단원 중에 곡을 전부 암기하여 외우고 있는 사람은 오직 토스카니니뿐이었습니다. 그래서 그가 임시 지휘자로 발탁되어 지휘를 하게 되었습니다. 그때 그의 나이는 19세였습니다.

악보도 보지 않고 훌륭하게 지휘를 하자 그 이후 지휘자를 바꾸어 버렸고, 이것이 그가 지휘자가 된 이유입니다. 그는 평생 악보를 보지 않고 연주하는 유명한 지휘자가 되었습니다. 물론 그렇게 되기까지에는 피나는 노력이 있었음은 두말할 필요도 없습니다. 외우지 않으면 연주할 수 없으니 다른 사람보다 몇 배의 노력을 했던 것입니다. 그러한 그의 고난이 지휘자 토스카니니를 만들었습니다. 만일 그의 눈이 좋았더라면 굳이 악보를 외우려 하지 않았을 것이고, 더욱이 지휘자는 못 되었을지도 모릅니다.

알베르 까뮈

가난하고 불행한 소년이 있었습니다. 그는 일찍이 아버지를 여의고 남은 가족이라고는 정신 질환을 앓고 있는 어머니와 포도주 통을 수리하는 장애인 삼촌뿐이었습니다. 소년은 극심한 영양실조로 폐결핵을 얻어 정상적인 생활이 불가능했지만 '성실성'과 '열정'만은 잃지 않았습니다.

초등학교 담임인 루이 제르맹은 이 소년의 천재적 문학성을 발견하고 끊임없이 격려해 주었습니다. 그는 '가난'과 '질병'을 문학을 향한 열정으로 승화시켰습니다. 삶의 아픈 상처를 소재로 많은 명작을 남겼고, 44세 때는 노벨 문학상을 받았습니다.

이 사람이 프랑스 최고의 작가인 '알베르 까뮈'입니다.

바람이 심한 곳에서 자라는 나무들이 땅 속 깊이 뿌리를 내리고, 노련한 어부가 풍랑이 일 때 실력을 발휘하며, 장수는 전쟁터에서 명예를 얻고, 물살을 많이 맞은 돌이 단단하고 매끈한 차돌이 됩니다. 그리고 정금이 되기 위해서는 풀무의 과정이 있듯이, 고난과 연단은 당신을 아름답게 가꾸는 과정입니다.

5분 사건

 고통스럽고 어려운 일을 겪어 본 사람들은 그 일로 인하여 일생 동안 상처를 받고 그 상처의 고통을 싸안으며 절망적으로 살아가는 게 보통입니다.

미국에서 어떤 사람이, 강간을 당해 본 적이 있는 사람들이 살아가는 모습을 조사하게 되었습니다.

사람들 대부분은 생을 자포자기하며 불행하게 살아가고 있었습니다. 그런데 단 한 사람은 아주 행복하게 인생을 열심히 살아가고 있었습니다. 그래서 그는 그 사람에게 질문을 했습니다.

"당신은 그 고통을 어떻게 이겨냈습니까?"

"그 고통은 내게 단지 5분의 사건이었습니다. 그 고통은 그것으로 족합니다. 그 고통이 나의 일생을 좀먹게 한다는 것을 나는 용납할 수 없습니다."

여러분에게는 어떤 고통이 있습니까? 혹시 그 고통을 잊지 못하여 원망하며 아직도 그 고통의 늪 속에서 허우적거리고 있지는 않습니까? 지나간 고통은 그것으로 족합니다.

어리석은 닭

 싸움을 아주 잘하는 수탉이 있었습니다. 어찌나 힘이 세고 용감하던지 그 동네에서 제일가는 닭이 되었습니다.

어느 화창한 날, 싸움닭은 심심하여 자기와 싸울 만한 닭을 찾아보았습니다. 그리고 마침내 튼튼하고 잘생긴 수탉을 발견하고는 싸움을 걸었습니다.

튼튼하고 잘생긴 수탉은 자존심 때문에 하는 수 없이 싸움을 하긴 했지만 결국 지고 말았습니다. 싸움에서 진 수탉은 부끄러워서 헛간 어두운 곳에 가 숨어 있었습니다. 그러나 싸움에서 이긴 수탉은 개선장군이라도 되는 양 너무 기분이 좋아서 높은 담벼락 위로 올라가 큰 소리로 '꼬끼오'를 외쳤습니다.

그때 마침 배가 고파서 먹이를 찾던 솔개가 그 소리를 듣고 쏜살같이 달려들어 그 수탉을 낚아채 갔습니다.

공짜와 함정

어느 부부에게 아무런 메모도 없고 발신인이 누군지 표시되어 있지 않은 이상한 선물이 배달되었습니다. 그 선물은 당시 성황리에 공연 중이었던 브로드웨이 공연 입장권 두 장이었습니다. 그들은 누가 보냈을까 아무리 고민을 해봐도 생각나는 사람이 없었습니다.

이 부부는 그 입장권을 그냥 버리기가 아까워서 공연을 보러 갔고 굉장히 즐거운 시간을 보냈습니다. 그러나 그들이 집에 돌아왔을 때는 도둑이 이미 집 안을 샅샅이 뒤지고 간 뒤였습니다. 도둑은 침대 위에 이런 메모를 남겨 놓고 갔습니다.

"이제 누가 보냈는지 알겠지?"

세상에는 절대로 공짜가 없다

옛날에 백성들이 게을러서 나라 살림이 어려운 가난한 나라의 왕이 있었습니다. 하루는 왕이 신하들을 불러 모아 놓고 이렇게 말했습니다.

"나는 백성들이 잘사는 행복한 나라를 만들고 싶다. 그러나 거리에는 놀고 먹으며 살려는 거지들만 넘쳐나니 고민이구나. 어디 좋은 생각이 없느냐?"

신하들이 여러 가지 의견을 내놓았지만 쓸 만한 의견은 하나도 없었습니다. 그때 학식이 많은 노 신하가 말했습니다.

"백성들이 잘살려면 일을 해야 합니다. 여러 가지 잘살 수 있는 방법을 가르쳐 스스로 행복해질 수 있는 길을 찾게 해야 합니다."

그래서 그의 제안에 따라 여러 신하들이 머리를 맞대고 연구한 결과 잘살 수 있는 방법을 모두 열두 권의 책으로 펴내게 되었습니다. 왕은 그것을 읽다가 말했습니다.

"좋은 방법과 내용이 많구나. 하지만 무지한 백성들이 이 책을 읽고 이해할 것 같지가 않다. 더 쉽고 간단하게 줄여서 써 오너라."

신하들은 다시 책을 정리하여 여섯 권으로 만들어 왔습니다.

그런데 왕은 그것도 너무 길다며 더 간단히 줄여 오라고 했습니다.

신하들은 거듭하여 내용을 줄인 끝에 한 권의 책으로 만들어 왔습니다.

그러나 왕은 그것도 길다고 더 줄일 것을 명령했습니다. 결국, 신하들은 고심 끝에 마지막으로 연구 결과를 한 줄의 글로 써서 왕에게 바쳤습니다. 그것을 본 왕은 그제야 "오호, 바로 이거야!" 하며 쾌재를 불렀습니다. 그 글의 내용은 다음과 같았습니다.

"세상에는 절대로 공짜가 없다!"

행복한 사람

여기 한 사람이 있습니다. 이 사람은 겨울에 대하여 이렇게 말합니다.

"나는 겨울이 좋다. 흰 눈을 볼 수도 있고, 사람을 강하고 진지하게 만들어 주니 겨울이 좋다."

봄이 오면 또 이렇게 말합니다.

"온갖 아름다운 꽃들이 피고 따뜻하니 봄은 봄대로 좋다."

여름, 가을에 대해서도 말합니다.

"초목이 우거지고 활기가 넘치는 여름은 또 그 나름대로 시원해서 좋다. 하지만 가을도 좋다. 가을은 우리들에게 겸손을 가르쳐 주고 풍성한 열매를 맺어 주니까" 말이다.

이런 사람이 복된 사람입니다. 그러나 이와는 정반대의 사람도 있습니다.

"겨울이 되면 춥고 게을러져서 싫다. 여름이 되면 덥고 땀이 나서 싫다. 가을이 되면 처량하고 허무해져서 싫다. 봄이 되면 꽃샘 바람이 불고 노곤해서 싫다."

이런 사람은 겨울이면 "아, 어서 여름이 되었으면……" 하고, 여름이면 "아, 어서 겨울이 되었으면……" 하는, 어떤 상황에서도 불행한 사람입니다.

행복한 사람은 여건에 관계없이 항상 행복합니다.

기부하는 사회

 우리 돈으로 5천억 원이 넘는 엄청난 재산을 몽땅 사회에 기부하고 죽은 한 미국 기업가의 소설 같은 이야기가 우리의 메마른 가슴을 촉촉이 적셔 줍니다.

존 홀링스워스 2세라는 이름의 이 사업가가 남긴 유언이 공개되었는데, 부동산을 포함해서 4억 달러 상당의 전 재산을 대학과 자선단체 등에 기부하는 내용이었다고 합니다.

그는 유일한 혈육인 외동딸에게조차 한 푼의 유산도 남기지 않았다고 합니다. 다만 외손자, 손녀의 대학 학비를 위해 1인당 25만 달러의 신탁 기금을 적립해 놓은 것이 전부라니 '부(富)의 대물림'을 당연한 것으로 여기는 사람들로서는 이해하기 힘든 일입니다.

생전에 그는 공장 뒤편에 있는 초라한 트레일러 속에서 살 정도로 검소한 사람이었다고 합니다.

사업에 성공해서 돈을 번 사람이 재산을 사회에 환원하는 전통을 미국에 세운 주인공은 철강 왕 앤드류 카네기였습니다.

1901년 카네기는 철강 회사를 매각한 뒤 공공 도서관 건립을 지원하는 재단을 설립했습니다.

이후 부의 사회 환원은 성공한 기업가의 도덕적 의무로 굳어져 록펠러 재단, 포드 재단 등 수없이 많은 자선 재단의 창설로 이어졌습니다. 또한 세계 최고의 갑부인 마이크로소프트 사 회장 빌 게이츠는 지난 해 50억 달러를 자신과 부인이 만든 재단에 기부해 세계 고액 기부자 명단에서 수위를 차지했습니다.

미국에서 돈을 번 사람의 기부는 일종의 '노블레스 오블리제' (가진 자의 의무)로 되어 있습니다. 약육강식과 빈익빈 부익부의 신자유주의 논리의 발원지라는 비판에도 불구하고 미국 사회를 지탱하는 뿌리는 자원 봉사와 함께 기부 문화라는 분석도 있습니다.

1999년 미국의 자선 기부금은 총 1천 9백억 달러로 미 국민 1인당 평균 70만 원을 기부한 셈입니다. 특히 눈길을 끄는 점은 전체 기부액 가운데 재단 등을 통한 거액 기부는 23%에 불과하고 나머지는 모두 개인의 소액 기부라는 사실입니다. 미국 국민의 98%가 매년 어떤 형태로든 기부 행위에 참여하고 있다는 통계도 있습니다.

'벤처 업계의 대부'로 통하는 미래산업 정문술(鄭文述) 사장이 전격 은퇴하면서 경영권 세습을 포기하고 여생을 자선 사업에 바치겠다는 뜻을 밝혔습니다. 편법 상속 시비와 '왕자의 난'이 횡행하는 세태에서 신선한 충격이 아닐 수 없습니다. 그는 욕심과 함께 근심도 버렸을 것입니다. 나누고 베푸는 삶은 그래서 아름답습니다.

록펠러의 결단

 록펠러는 석유 사업으로 부자가 되었습니다. 그러나 53세 때 불행히도 불치병에 걸렸습니다.

"당신은 1년 뒤에 죽을 것입니다."

그는 날마다 의사가 한 말을 곱씹으며 우울한 나날을 보냈습니다. 그러던 어느 날 그는 큰 상심을 하게 됩니다.

'돈이 뭔가? 이대로 죽어야 하는가? 사람들은 나를 뭐라 평할 것인가?'

그러다 그는 순간 큰마음을 먹었습니다.

'죽을 바에는 베풀고 죽자.'

그는 가진 재산을 학교, 자선 단체, 종교 단체, 사회 단체에 기부했습니다. 그리고 생각과 삶의 방향을 완전히 바꾸었습니다. 그랬더니 정말로 기적적으로 병이 서서히 치료되어 갔습니다.

그리고 그 후 그는 44년을 더 살았습니다.

나눔

테레사 수녀님의 사무실에 한 남자가 찾아왔습니다. 그는 머뭇거리며 겨우 말했습니다.

"누군가가 이곳에 가면 도움을 줄 거라고 해서 왔습니다. 실은 이웃에 며칠째 굶고 있는 힌두교 가정이 있는데 그 집에는 아이들이 여덟 명이나 됩니다. 저는 더 이상 도울 힘이 없으니 도와주십시오."

사정을 알게 된 테레사 수녀님은 당장 일어나서 쌀을 가지고 그 집을 찾아갔습니다. 그 집에는 정말 올망졸망한 아이들이 굶주림에 지쳐 있었습니다. 테레사 수녀님은 그들의 어머니에게 쌀을 내밀었습니다. 그 어머니는 무척 고마워했습니다.

그런데 그녀는 쌀을 받자마자 반으로 뚝 나누더니 집 밖으로 들고 나가는 것이었습니다. 그리고 다시 들어온 그녀는 빈손이었습니다. 테레사 수녀님은 놀라서 쌀을 어디다 두었느냐고 물었습니다. 그러자 그 여인은 자기 옆집에 회교도가 살고 있는데 그 집 아이들도 며칠째 굶고 있어서 주었다고 했습니다.

테레사 수녀님은 또 한번 놀랐습니다. 그 쌀은 나눌 만큼 많은 양도 아니었고, 더구나 힌두교도들은 회교도와 원수인데 그들을 도왔기 때문입니다.

더욱 놀란 것은 그 말을 들은 아이들 역시 조금도 아까워하거나 실망하지 않고 당연하다는 표정을 짓는 것이었다고 합니다. 훌륭한 어머니에게서 진정한 사랑이 무엇인지를 잘 배운 까닭이었습니다.

나비

옛날 어느 마을에 일은 안 하고 놀기만 좋아하는 젊은이가 살았습니다. 그 젊은이는 부모한테 많은 재산을 물려받았지만 술 마시고 노느라고 흥청망청 돈을 다 써 버리고 겨울이 올 무렵에는 달랑 외투 한 벌만 남게 되었습니다.

그런데 돈이 있을 때는 그를 찾아오는 친구가 많았으나 돈이 떨어지자 친구도 다 떨어져 나가고 없었습니다. 젊은이는 이제 추위에 덜덜 떨며 겨울을 나게 생겼습니다.

"아이고 추워라. 어서 빨리 봄이 와야 할 텐데."

그 많던 재산을 다 까먹은 젊은이는 따뜻한 봄이 오기만을 기다렸습니다. 그러던 어느 날, 처마 밑에 쪼그리고 앉아 오들오들 떨고 있던 젊은이는 하늘을 날고 있는 제비 한 마리를 보았습니다.

"저건 제비잖아. 이제야 봄이 온 모양이군."

봄이 오기만을 목이 빠지게 기다리던 젊은이는 제비를 보자 모든 근심이 해결된 듯 기뻐했습니다.

"봄이 오면 이 따위 두꺼운 외투는 필요 없겠지. 이걸 팔아서 실컷 술이나 마셔야지."

젊은이는 곧바로 외투를 팔아 그 돈으로 술을 마셔 버렸습니다. 그러나 날씨는 더욱 추워졌습니다. 젊은이는 길을 걷다가 얼어 죽은 제비를 발견하고 중얼거렸습니다.

"이 한심한 제비야, 너는 철도 모르고 날아와서 나까지 얼어 죽게 하는구나."

젊은이는 성급하게 외투를 팔아 술을 마셔 버린 것을 후회했습니다.

아름다운 그릇

 어느 부잣집에 금빛이 나는 아름다운 금그릇이 있었습니다. 이 금그릇은 은그릇, 질그릇에 비할 수 없는 아름다운 자태를 늘 자랑스럽게 여기며 뽐냈습니다.

반면에 그 집에 있는 질그릇은 반짝반짝 빛이 나는 것도 아니고 모양도 투박해서 별로 쓸모가 없어 보였습니다. 그러던 어느 날 부잣집 주인이 멀리 여행을 떠나게 되었습니다. 그 부자는 자기가 가장 소중히 여기는 다이아몬드를 어디에 숨길까 고민하고 있었습니다. 많은 궁리 끝에 부자는 다이아몬드를 질그릇 속에 넣어 두기로 했습니다. 도둑이 들더라도 질그릇에는 귀중한 보물이 들어 있다는 사실을 모를 것 같았기 때문입니다.

지금까지 늘 무시당했던 질그릇은 이제 가장 귀한 다이아몬드 그릇이 되었습니다.

사람도 여러 종류의 그릇처럼 외모가 멋지고 능력이 많은 금그릇 같은 사람, 보잘것없는 외모와 자랑할 것 없는 능력을 가진 질그릇 같은 사람이 있습니다. 그러나 중요한 것은 결코 외모나 능력에 있지 않습니다. 아무리 외적으로 아름답고 능력이 뛰어나다 할지라도 그 안에 교만, 욕심, 시기, 질투 등 더러운 마음이 들어 있다면 아무 데도 쓸 수 없는 그릇이 되고 말 것입니다. 그러나 질그릇이 그 안에 보배 다이아몬드를 가졌듯이, 외적인 모습이 어떠하든 그 마음속에 귀하고 아름다운 것을 소유한다면 그는 세상에서 가장 귀하고 아름다운 사람이 될 것입니다.

풍선 속이 중요하다

뉴욕 거리에 풍선 장수가 있었습니다. 수소 가스를 넣은 풍선을 파는 장수였습니다. 그의 옆에는 노란색, 파란색, 빨간색 풍선이 높이 떠 있었습니다. 그런데 어느 날 한 흑인 꼬마가 와서 이렇게 물었습니다.

"아저씨, 나는 얼굴이 까만데 까만 풍선도 다른 것들처럼 저렇게 뜰 수 있을까요?"

풍선 장수는 이렇게 대답했습니다.

"물론이지, 꼬마야. 풍선이 뜨는 것은 풍선의 색깔에 달려 있는 것이 아니라 풍선 안에 들어 있는 내용물 때문이란다."

고요한 날 쓰러진 고목나무

미국 어느 주에 크고 튼튼한 고목나무가 있었습니다. 그 고목은 수십 번에 걸쳐 천둥, 번개, 특히 벼락을 맞고 가지가 꺾이고 고생을 했지만 결코 쓰러지지 않는 의연한 나무였습니다.

그런데 이게 어찌된 일일까요? 어느 화창한 날 그 튼튼하던 나무는 소리도 없이 스르르 무너져 내리고 말았습니다.

그 이유인즉, 어느 날부턴가 그 속에 한 마리의 딱정벌레가 살게 되었기 때문이었습니다. 이 딱정벌레는 날마다 나무 속을 파먹으며 번식하기 시작했습니다. 결국 그 나무 속은 텅 비고 말았고 소리 없이 쓰러질 수밖에 없었던 것입니다.

외부의 적보다 더 치명적인 적은 바로 내 안에 있음을 잊지 맙시다.

왕따 개구리

어느 연못에 유난히 덩치가 크고 성질이 고약한 개구리 한 마리가 살고 있었습니다. 그 개구리는 연못에 있는 다른 곤충들을 사정없이 잡아먹고 같은 개구리들도 막무가내로 물어서 상처를 내는 바람에 연못에서 '왕따 개구리'가 되었습니다. 그러나 그놈은 자기에게 힘이 있어서 다른 개구리들이 피한다고 생각하고 날이 갈수록 그 기세가 더욱더 등등해져 갔습니다. 이제 그 개구리는 연못에서 무서운 것이 없는 폭군이 되었습니다.

그러던 어느 해 여름, 그 연못에 큰 홍수가 났습니다. 그 틈에 다른 연못에서 덩치가 세 배쯤 큰 황소개구리가 떠내려 왔습니다. 왕따 개구리는 이 커다란 녀석이 자기를 보고도 눈만 끔뻑이는 것을 보고는 "이 녀석! 건방지게……"하면서 있는 대로 입을 크게 벌려 황소개구리의 엉덩이를 물었습니다.

그런데 너무 입을 크게 벌려서 무는 바람에 턱뼈가 부서지고 입이 엉덩이에 달라붙어서 떨어지지가 않았습니다. 입이 막히니 말도 못하고 입을 빼려고 아등바등 몸부림을 치다가 왕따 개구리는 그만 제풀에 지쳐 죽고 말았습니다.

그걸 본 황소개구리가 뒤돌아보며 한마디 했습니다.

"힘들면 놓지……."

소년과 물새알

어느 바닷가 마을에 한 어린 소년이 살고 있었습니다. 소년은 날마다 바닷가에 나가 파란 하늘, 하얀 물새, 밀려오는 파도와 놀았습니다. 그러던 어느 날 소년은 물새알을 하나 발견했습니다. 아주 예쁜 물새알을 주운 소년은 얼른 집에 돌아와 어머니께 보여 드렸습니다. 그러자 어머니는 아무 말 없이 물새알을 맛있게 요리해서 아들에게 먹였습니다.

이튿날도 소년은 바닷가에 나갔습니다. 하지만 소년은 이제 파도와 놀지 않았습니다. 온종일 물새알만 찾아 헤매고 다녔습니다. 어쩌다 물새알을 찾으면 손뼉을 치며 기뻐했고, 하나도 못 찾을 때는 어깨가 축 늘어져 버렸습니다.

하루는 물새알을 못 주워 힘없이 집으로 돌아오던 중에 건넛마을 외딴집에서 '꼬꼬댁' 하는 소리가 들려왔습니다. 처음 듣는 소리라 이상해서 가 보니 암탉이 알을 낳고서 내는 소리였습니다. 소년은 물새알과 비슷한 달걀을 가지고 집으로 돌아왔습니다. 어머니는 또 말없이 그것을 요리해 주었습니다.

그래서 그 소년은 다음날부터는 바닷가로 나가는 대신 닭장 옆에 숨어서 닭이 알 낳기만을 기다렸고, 그렇게 시작된 도둑 버릇이 어른이 되어서는 규모가 더욱 커져 결국 교수대에 매달리게 되었습니다.

사형이 집행되기 전 소년은 눈물을 흘리는 어머니에게 이렇게 말했습니다.

"어머니, 제가 어린 시절 물새알을 주워 왔을 때 어머니께서 '애야, 어미 물새가 알을 찾느라 얼마나 애태우며 슬퍼하겠니. 어서 그 알을 제자리에 갖다 놓아라' 하고 올바르게 가르쳐 주셨더라면 오늘날 제가 이렇게까지 되지는 않았을 겁니다."

내 탓이요

어느 마을에 이웃해서 사는 두 집이 있었습니다. 그 중 한 집에는 아이가 없는 중년 부부가 살고 있었는데 어찌된 일인지 싸움이 그치는 일이 없었습니다. 그런데 옆집에는 젊은 부부가 시부모를 모시고 두 아이를 기르며 많은 가족과 살고 있었지만 이상하게도 싸우는 일이 없었습니다. 그래서 어느 날 싸움을 잘하는 부부가 옆집을 찾아가서 물었습니다.

"대체 어떻게 해서 그 많은 가족들이 매일 싸움 한 번 하지 않고 삽니까? 그 비결을 가르쳐 주십시오."

옆집의 젊은 주인은 웃음 띤 얼굴로 이렇게 대답했습니다.

"우리 집에 싸움이 없는 것은 우리 가족들은 모두 나쁜 사람들이기 때문입니다. 가령 내가 방 한가운데 놓여 있던 물그릇을 발길로 차서 엎질렀다고 합시다. 내가 말합니다.

'아, 이것은 내가 부주의해서 그랬으니 내 잘못이다.'

그러면 내 아내가 말합니다.

'아니에요. 당신 잘못이 아니라 빨리 치우지 않은 내 잘못

이에요.'

그러면 우리 어머니께서도 말씀하십니다.

'아니다, 얘들아. 나잇살이나 먹은 내가 옆에 있으면서도 그걸 그대로 보고만 있었으니까 내 잘못이다.'

우리 가족은 모두가 자진해서 나쁜 사람이 되려고 하는 것입니다. 그러니 싸움을 하고 싶어도 할 수가 없지 않겠습니까?"

이 말을 들은 옆집 사나이는 큰 깨달음을 얻고 고개를 끄덕이며 갔습니다.

도벽을 고친 사람

1953년 미국 뉴올리언스에 '선한 사마리아의 집'이 문을 열었습니다. 그 곳은 감옥을 자주 출입하는 불우 여성들을 돕기 위한 집이었습니다. 거기에는 알콜 중독자, 매춘부, 아편 중독자, 가출 청소년 등 세상에서 죄로 시달리는 사람들이 많이 모여들었습니다.

그리스도의 사랑으로 갱생의 길을 걷게 하는, 사랑이 넘치는 곳이었습니다.

그러던 어느 날 제니라는 이름의 소녀가 그 곳에 들어왔습니다. 그 소녀는 부유한 가정인데도 5세 때부터 어찌나 도벽이 심했던지 부모는 매로 다스리기도 하고, 감금도 해보고, 교정 학교에 보내기도 했으나 도저히 고쳐지지 않아 최종적으로 이곳으로 보낸 것이었습니다.

그 곳에 있는 옷가게 원장 조이스 키미카엘 여사는 제니를 사랑으로 돌보며 그녀에게 중고 가게의 금전 출납계를 시켰습니다. 그토록 도벽이 심한 제니가 많은 돈을 관리하게 된 것입니다. 그런데 이상하게도 제니는 돈을 한 푼도 훔치지 않았습니다. 그리고 그녀는 여러 번 눈물을 흘리며 말했습니다.

"원장님, 저를 정말 믿으시는 거죠?"

이렇게 병든 마음을 고치는 것은 사랑뿐입니다.

두 마리 원숭이

아기 원숭이 두 마리와 함께 사는 엄마 원숭이가 있었습니다.

엄마 원숭이는 두 원숭이 중 한 마리만 귀여워하고 다른 한 마리는 별로 거들떠보지도 않았습니다. 언제나 엄마 원숭이는 마음에 드는 아기 원숭이에게만 먹을 것을 구해 주고 안고 다니며 정성을 쏟았습니다. 다른 한 마리의 원숭이는 엄마의 돌봄이 없어서 먹이도 늘 혼자서 해결해야 했고 험한 길도 혼자 다녀야 했습니다.

그런데 어느 날 원숭이 가족과 동물들이 사는 산에 불이 났습니다. 모든 동물들이 불을 피해 도망가고 있었습니다. 엄마 원숭이도 두 마리의 아기 원숭이를 데리고 불을 피해야 했습니다.

엄마 원숭이는 아기 원숭이들에게 힘껏 달리라고 했습니다. 그때 항상 혼자서 일을 해결했던 아기 원숭이는 잽싸게 불을 피해 달아났습니다. 그러나 항상 엄마의 보호를 받았던 아기 원숭이는 엄마가 아무리 빨리 달리라고 해도 엄마 품에 매달리며 혼자서 달리려 하지 않았습니다. 어쩔 수 없이 그 아기 원숭이를 안고 불을 피하던 엄마 원숭이는 빨리 달릴 수가 없었습니다.

결국 엄마와 아기 원숭이 한 마리는 불을 피하지 못하고 불에 타 죽고 말았습니다.

소년과 강아지

 어느 날 가게 주인이 문 앞에다 "강아지 팝니다"라고 써 붙였습니다. 한 어린 소년이 가게 안을 기웃거리다 물었습니다.

"강아지 한 마리에 얼마씩 팔아요?"

"30달러에 판다."

어린 소년은 주머니를 뒤져 보더니 힘 없이 말했습니다.

"강아지 좀 구경하면 안 될까요?"

가게 주인은 웃으면서 여러 마리의 강아지를 보여 주었습니다. 그런데 다른 강아지들은 뛰어 놀고 있었지만 유난히 한 강아지가 의기소침하여 한쪽 구석에 앉아 있었습니다. 소년은 얼른 그 강아지를 가리키며 물었습니다.

"저 강아지는 어디가 아픈가요?"

"수의사가 진찰해 보니 그 강아지는 선천적으로 엉덩이 관절에 이상이 생겼다구나. 그래서 절뚝거리며 걸을 수밖에 없고, 그 강아지는 평생 동안 절름발이로 살아가야만 한다는구나."

그 말을 듣고 소년은 흥분된 얼굴로 말했습니다.

"전 이 강아지를 사고 싶어요."

"아니다. 불구가 된 강아지를 돈 받고 팔 순 없어. 네가 정말로 이 강아지를 원한다면 그냥 가져가거라."

소년은 매우 당황했습니다. 그는 가게 주인의 눈을 똑바로 쳐다보며 말했습니다.

"전 이 강아지를 공짜로 가져가고 싶지 않아요. 이 강아지도 다른 강아지들처럼 똑같은 강아지예요. 그러니 값을 전부 내겠어요. 사실 지금은 2달러 37센트밖에 없지만 강아지 값을 다 치를 때까지 매달 5센트씩 갖다 드리겠어요."

가게 주인은 그래도 고개를 저었습니다.

"이런 강아지를 너한테 돈 받고 팔 순 없어. 달리지도 못할 뿐 아니라 다른 강아지들처럼 너와 장난을 치며 놀 수도 없단다."

소년은 웃으며 괜찮다고 하면서 강아지 값을 지불하고 강아지를 소중하게 감싸안고 가게 밖으로 나가며 말했습니다.

"저는 이 강아지를 이해할 수 있을 거예요."

그때 밖으로 나가는 소년의 뒷모습을 본 주인은 놀라지 않을 수 없었습니다. 그 소년은 한쪽 다리에 금속 보조기를 달고 다리를 절며 나가고 있었던 것입니다.

아름다운 말

미국 동부의 펜실베이니아에서 큰 열차 충돌 사고가 발생했습니다. 두 개의 열차가 서로 충돌하여 수많은 인명 피해와 재산 손실이 있었습니다. 그런데 한 열차의 기관사는 현장에서 사망했고, 다른 열차의 기관사는 목숨을 건져 살아남게 되었습니다.

철도회사에서는 이 사고에 대하여 철저한 조사를 실시했습니다. 그리고 그 결론은 살아 남은 기관사의 잘못이라는 것이었습니다. 살아 남은 기관사는 사고에 대한 양심의 가책으로 심한 정신 이상 증세를 보이기 시작했습니다.

마지막으로 사장이 직접 이 기관사를 만났습니다. 기관사는 걱정과 두려움으로 가득 차 있었습니다. 정해진 시간에 기관사는 대 철도 회사의 사장실에 안내되어 들어가서 안절부절못하고 서 있었습니다. 그런데 에터베리 사장이 그의 자리에서 일어나 기관사 앞으로 걸어와서는 당황해하는 기관사의 어깨 위에 자기의 팔을 따뜻하게 올려 놓으며 말했습니다.

"이번에 우리는 아주 운이 나빴던 게 틀림없소. 나는 당신이 한 가지를 알아주었으면 좋겠소. 그 어느 사람이든 우리 회사에서 일하는 사람이 당하는 어려움이나 슬픔은 곧 나의 어려움이나 슬픔으로 생각하고 있다는 것을 말이오."

사장의 이 한마디를 들은 기관사의 눈에서 눈물이 흐르기 시작했습니다. 그리고 사장과 기관사 두 사람은 어깨를 함께 한 채 흐느껴 울었습니다.

이렇게 사장의 따뜻한 위로의 말 한마디가 평생 잊지 못할 악몽에 시달릴 그 사람의 마음을 치유해 줄 수 있었습니다.

우리는 남을 위로하고 격려하는 말 한마디가 지닌 가치를 전혀 깨닫지 못하고 지날 때가 너무 많습니다.

명강의

명강의로 소문난 사람이 있었습니다. 어느 날 수많은 사람이 모인 세미나에서 그 강사가 열변을 토하고 있었습니다. 그러던 중 그 강사는 갑자기 호주머니에서 100달러짜리 수표 한 장을 높이 쳐들고 말했습니다.

"여러분, 이 돈을 갖고 싶지요? 어디 이 돈을 갖고 싶은 사람 손 한 번 들어 보십시오."

그러자 세미나에 참석한 수많은 사람들이 대부분 손을 들었습니다. 강사는 계속해서 말을 이었습니다.

"저는 여러분 중 한 사람에게 이 돈을 드릴 생각입니다. 하지만 먼저 나의 손을 주목해 주시기 바랍니다."

그러더니 갑자기 쳐들었던 100달러짜리 수표를 손으로 이리저리 마구 구겼습니다.

"여러분, 아직도 이 수표를 가지기를 원하십니까?"

사람들은 갑작스러운 강사의 행동에 놀라면서도 역시 거의 모든 사람들이 손을 들었습니다.

"좋아요."

그러더니 강사는 이번에는 그 100달러짜리 수표를 땅바닥에 던지고는 구둣발로 밟으며 더럽혔습니다. 그리고 땅바닥에 떨어져 있는 구겨지고 더러워진 그 100달러짜리 수표를 집어 들고 아직도 그 돈을 갖고 싶은지를 물었습니다. 또다시 거의 대부분의 사람들이 손을 들었습니다. 이때 강사는 힘찬 어조로 다음과 같은 결론을 내렸습니다.

"제가 아무리 100달러짜리 수표를 마구 구기고 발로 짓밟고 더럽게 했을지라도 그 가치는 전혀 줄어들지 않습니다. 100달러짜리 수표는 항상 100달러짜리 수표의 가치가 있는 것입니다. 여러분도 인생이라는 무대에서는 여러 번 바닥에 떨어지고, 밟히고, 더러워지는 일이 있을 것입니다. 실패라는 이름으로, 또는 패배라는 이름으로……. 그런 아픔을 겪게 되면 사람들은 대부분 자신이 쓸모없는 사람이라고 평가절하합니다. 하지만 놀라운 사실은, 당신이 실패를 하는 한이 있더라도 당신의 가치는 여전하다는 것입니다. 마치 구겨지고 짓밟혀도 여전히 그 가치를 가지고 있는 이 수표처럼 말입니다."

추장 후계자

어느 추장이 나이가 들어 추장 자리를 물려주어야 할 때가 되었습니다. 그는 세 아들 중 누구에게 추장 자리를 물려줄지 고민하고 있었습니다. 그러던 어느 날 추장은 세 아들을 데리고 사냥을 하러 갔습니다.

그리고 사냥터에서 그들은 독수리를 보게 되었습니다.

추장이 큰아들에게 물었습니다.

"무엇이 보이느냐?"

"아버지, 하늘과 나무가 보입니다."

크게 실망한 추장은 둘째 아들에게 물었습니다.

"너는 무엇이 보이느냐?"

"아버지, 나무와 독수리가 보입니다."

또다시 실망한 추장은 셋째 아들에게 물었습니다.

"너는 무엇이 보이느냐?"

"아버지, 독수리와 독수리 날개 사이에 있는 심장이 보입니다."

추장은 그제야 빙그레 웃으며 셋째 아들에게 그럼 활 시위를 당겨 독수리를 잡아 보라고 명령했습니다. 그리고 독수리를 잡은 셋째 아들에게 추장 자리를 물려주었습니다.

우리가 사냥을 하러 가면 짐승을 잡는 것이 목표입니다. 그 목표를 알고 있는 셋째 아들이 추장이 되는 것이 당연합니다. 이렇게 하찮은 사냥에도 목적이 있듯이 우리의 인생에도 목표가 있습니다. 우리는 그 목표를 잊어서는 안 됩니다. 여러분의 목표는 무엇입니까?

미래를 여는 물음

바르샤바 유대인 지구와 유대인 대 학살에서 살아남게 된 말틴 그레이는 『내가 사랑했던 사람들을 위하여』라는 책에서 자신의 이야기를 쓰고 있습니다. 그는 유대인 대 학살이 있은 후 자신이 어떻게 인생을 재건하여 성공하고 결혼을 하여 가족을 거느리게 되었는지를 이야기하고 있습니다.

집단 수용소의 악몽이 지난 뒤 그에게 인생은 탄탄한 듯이 보였습니다. 그런데 어느 날 산불이 프랑스 남부에 있는 집을 덮쳤을 때 그의 아내와 아이들이 목숨을 잃고 말았습니다. 그레이는 마음이 산란했으며, 이 설상가상의 비극으로 인해 거의 파멸 직전까지 이르렀습니다.

사람들은 그에게 산불의 원인을 조사하도록 요구할 것을 권했습니다. 그러나 그는 이들의 권고를 따르지 않고 그의 남은 힘으로 장차 있을 불로부터 자연을 보호하는 운동을 벌이는 길을 선택했습니다.

그는 조사나 탐구는 오직 과거에 대해서만, 고통과 슬픔과 비난과 같은 문제들에 대해서만 매달리는 것이라고 설명했습니다. 그는 미래에 관심을 집중시키기를 원했습니다.

"조사는 저로 하여금 다른 사람과 맞서게 할 것입니다. 어떤 사람이 부주의했는가? 누구에게 그 잘못이 있는가? 그리고 다른 사람들과 맞서 범인을 찾아내려 하고, 내가 당한 불행에 대한 책임을 다른 사람에게 묻는 것은 외로운 사람을 더욱 외롭게 만들 뿐입니다."

그러면서 인생은 무엇에 맞서는 것이 아니라 무엇을 위해 사는 것이라고 그는 결론을 내렸습니다.

미련한 안주

예쁜 새 한 쌍이 한적하고 나지막한 나뭇가지에 집을 짓고 있었습니다. 집이 거의 완성되어 갈 때 마차에 볏짚을 가득 실은 농부가 그 밑을 지나가면서 다 되어가는 둥지를 망가뜨렸습니다. 새들은 다시 집을 짓기 시작하여 그날 오후에는 거의 완성하기에 이르렀습니다.

그런데 황혼 무렵에 농부 한 사람이 지게에 나무를 가득 지고 그 밑을 지나갔습니다. 위로 뻗은 나뭇가지에 새둥지가 걸려 무너졌습니다. 새들은 다음날 또 집을 지었습니다. 그러나 이번에는 낮에 개구쟁이들이 그 밑을 지나다가 매미채로 새집을 무너뜨렸습니다.

그 후 한동안 숲속이 조용한 틈을 타서 새들은 그 곳에 둥지를 만들고 알을 낳아서 새끼를 부화시켰습니다. 귀여운 새끼 네 마리가 예쁜 주둥이를 벌리고 먹이를 받아먹는 모습은 평화롭고 행복해 보였습니다. 그런데 이 행복한 가정에 무서운 침입자가 찾아왔습니다. 커다란 뱀 한 마리가 숲속을 지나가다가 낮은 곳에 있는 둥지를 보고 나무에 기어올라 새끼 네 마리를 모두 잡아먹었던 것입니다.

  몇 차례 둥지가 무너지는 것을 보았으면 낮은 곳에 집을 짓는 것이 위험한 줄 알고 높은 곳으로 옮겼어야 하는데 깨닫지 못했기에 엄청난 비극을 만나게 된 것입니다. 위험이 있는 줄 알면서도 낮은 곳에 집을 짓고 죄악에서 떠나지 못하는 것은 더욱 미련한 짓입니다.

생명을 구한 미소

생 텍쥐페리가 전투 중 적의 포로가 되어 감방에 갇혔습니다. 간수들의 태도로 보아 다음날 죽일 것이 확실했습니다. 그는 죽음에 대한 공포를 잊으려고 빼앗기지 않은 담배 한 개비를 입에 물었습니다.

"불이 있으면 좀 빌려주겠소?"

간수는 어깨를 으쓱하고는 그의 담배에 불을 붙여 주기 위해 걸어왔습니다. 그가 가까이 다가와 성냥을 켜는 순간 무심결에 그들의 시선이 마주쳤습니다. 그 순간 두 사람의 가슴 속에 하나의 불꽃이 점화되었습니다.

생 텍쥐페리의 미소는 창살을 넘어 간수의 입술에도 똑같은 미소가 피어나게 했습니다. 간수가 물었습니다.

"자식이 있소?"

생 텍쥐페리는 얼른 지갑을 꺼내 가족 사진을 보여 주었습니다. 그 사람 역시 자신의 아이들 사진을 꺼내 보여 주면서 앞으로의 계획과 자식들에 대한 희망 등을 이야기했습니다.

생 텍쥐페리는 간수에게 다시는 가족을 만날 수 없을지도 모르는 두려움을 고백했습니다. 이윽고 그의 눈에는 눈물이 어렸습니다. 갑자기 간수는 아무런 말없이 감옥 문을 열어 주었습니다.

한 번의 미소가 그의 목숨을 구한 것입니다.

목표 잃은 양 떼

아프리카에서는 해마다 많은 양들이 함께 모이는 일이 있다고 합니다. 그런데 이 양들의 수가 너무 많아서 앞에 있는 양들만 풀을 먹을 수 있기에 뒤에 있는 양들은 풀을 뜯어먹기 위해 앞으로 나가야만 합니다. 그래서 서로 앞으로 나가려고 앞으로 앞으로 전진만 하다가 풀은 뜯어먹지 못하고 결국은 모두 바다에 빠져 죽는다고 합니다.

인간의 목표는 행복입니다. 많은 사람들이 그 목표인 행복을 돈이나 명예나 권력으로 사야 한다고 생각합니다. 그러나 돈이나 명예나 권력을 추구하다 결국 행복을 만나지도 못하고 처참하게 죽어 갑니다.

나는 지금 무엇을 향하여 달려가고 있습니까?

제2부
걘 내 친구니까요

버려야 얻는 비밀

젊은 사업가 워너 메이커가 하루는 장미 화원을 잘 가꾸는 한 가정을 방문했습니다. 그 집 주인은 그를 자신의 정원으로 데리고 나가 백장미와 흑장미 등 온갖 아름다운 장미들을 구경시켜 주었습니다. 그런 다음 장미꽃들을 꺾어 버리기 시작했습니다. 몇 개의 덩굴은 꽃 한 송이만을 남겨 두고는 모두 가지를 쳐 버리기도 했습니다.

워너 메이커는 집 주인에게 물었습니다.

"아니, 왜 가지를 모조리 칩니까?"

"좋은 장미 덩굴을 만들려면 가지를 쳐내야 합니다. 내가 가지를 쳐서 잃는 것은 아무것도 없습니다."

'가지를 잘라내도 잃는 것이 없다'는 말에 충격을 받은 워너 메이커는 그 날부터 나누어 주는 사업을 시작했고, 결국 점점 더 큰 사업체를 갖게 되어 나중에는 미국의 대 재벌이 되었습니다.

한 알의 밀알이 썩지 않으면 한 알 그대로 있고, 썩으면 많은 열매를 맺습니다.

초승달과 보름달

 백제의 마지막 왕인 의자왕 때 이상한 거북이가 잡혔습니다. 그것은 커다란 거북이인데 등에 글씨가 쓰여 있었습니다.

"신라는 초승달이요, 백제는 보름달."

여러 사람들이 왕을 찾아와서 백제는 보름달이니 계속해서 왕성하고 신라 같은 나라와는 비교될 수 없다고 그럴듯한 해석을 했습니다. 이 달콤한 말에 왕과 신하들은 속아서 보름달이 만 년 동안 밝을 줄만 알았습니다. 다음날부터 보름달은 기울기 시작하고, 초생달은 점점 밝아진다는 진리를 몰랐던 것입니다.

찬란한 문화를 자랑하던 백제가 신라와 당나라 연합군에 의해 멸망한 것은 보름달과 초승달이 간직한 진리를 외면한 데 그 원인이 있다 해도 과언이 아닙니다.

초승달은 자랑할 것이 없습니다. 어둡기도 하지만 내일은 더 크고 좀 더 밝아져야 하기 때문에 뽐낼 여유가 없습니다. 이에 반해 보름달은 그렇지가 않습니다. 여유가 있습니다. 정상에 있습니다. 자칫 자만에 빠지기가 쉽습니다.

우리의 삶은 초승달처럼 점점 더 밝아지고 나아져야 합니다. 멈춰 서면 빛을 잃게 됩니다. 만월이 되어서도 멈춰 서서는 안 됩니다. 힘있게 돋는 아침 해처럼 계속 발전해야 합니다. 태양처럼 밝게 빛을 내도 멈춰 설 수 없습니다.

아름다운 사람은 보름달이 되어서도 아직 초승달인 것처럼 뽐내지 않습니다. 태양의 찬란한 빛 앞에서는 아직도 초승달인 것처럼 아무것도 아니란 것을 알기 때문입니다.

농부와 여우

어느 마을에 마음씨 착한 농부가 여러 사람을 위해 넓은 벌판에 우물을 파 놓았습니다. 소 치는 목동, 풀 베는 농군, 길 가는 나그네 등이 모두 이 우물에 와서 갈증을 해소하고 몸을 씻어 더위를 식혔습니다. 그래서 지나가는 사람마다 우물을 파 놓은 농부의 덕을 칭찬했습니다.

그러던 어느 날 한 떼의 여우가 우물가에 와서 땅바닥에 괴어 있는 물을 마셔 목을 축였습니다. 그러나 여우의 두목은 우물가에 놓아둔 두레박에 얼굴을 들이밀어 그 속에 남아 있는 물을 마시고는 두레박을 깨뜨려 버렸습니다. 이를 본 다른 여우들이 나무랐습니다.

"젖은 나뭇잎이라도 목마를 때는 소중한 거요. 더욱이 이 두레박은 길 가는 사람들에게 얼마나 소중한 것인지 모르오? 왜 그런 짓을 하오?"

"나는 그게 재미있거든. 남이야 곤란하든 말든 내가 알게 뭐야?"

농부는 새 두레박을 갖다 놓았습니다. 그러나 자꾸만 두레박이 깨뜨려지자 농부는 누군가가 이 우물에 원한을 품고 있는 모양이라고 생각하며 누가 그러는지 숨어서 지켜보았습니다. 그리고 곧 여우가 그런다는 것을 안 농부는 한 번 디밀면 빠지지 않도록 나무로 튼튼하게 두레박을 만들어 놓았습니다.

며칠 뒤 여우 두목은 두레박이 달라진 줄도 모르고 두레박 속에 얼굴을 틀어박아 물을 마신 다음 역시 그것이 깨지도록 땅바닥에 쳤으나 두레박은 깨지지 않고 머리만 자꾸만 아파 왔습니다. 그때 농부가 나타나 몽둥이로 대장 여우를 때려 죽였습니다.

법 앞에서

로크리안스 국왕 자로가크는 날이 갈수록 백성들의 풍기가 문란해지자 큰 결단을 내렸습니다.

국왕은 남녀노소 누구를 막론하고 법을 어기고 풍기를 어지럽힌 자는 두 눈을 빼어 버리겠다는 명령을 내렸습니다. 엄한 국법이 정해진 후 국민들은 행동을 조심하게 되었습니다.

그러던 어느 날 왕자가 국법을 어겼습니다. 이 사실을 안 국왕은 왕자를 잡아들이라고 명령했습니다. 신하들은 국왕이 정말 자기 자식의 두 눈을 뺄 것인지를 조심스럽게 지켜보았습니다.

"여봐라! 어서 지금 당장 왕자의 두 눈을 빼어라!"

하지만 신하들은 그 명령에 순순히 따를 수 없어서 머뭇거렸습니다. 그러자 국왕은 단호하게 다시 명령을 내렸습니다. 어쩔 수 없이 집행관이 왕자의 한쪽 눈을 빼고 다시 나머지 한쪽 눈을 빼려는 순간 국왕은 이를 제지하며 외쳤습니다.

"자식의 두 눈을 빼는 것은 아비 된 나로서는 가슴 아픈 일이다. 그러나 법대로 집행해야 하니 대신 나의 한쪽 눈을 빼도록 하라."

신하들은 깜짝 놀라며 모두 반대하고 나섰습니다.

그러자 국왕은 스스로 칼을 빼 들었습니다.

"너희들이 못하겠다면 내가 직접 빼겠다."

국왕은 조금도 지체하지 않고 자신의 한쪽 눈을 빼냈습니다.

그 뒤로는 그 나라의 어느 누구도 국법을 어기지 않았답니다.

허화된 꿈

어느 날 거지 한 명이 자기 재산을 탈탈 털어 복권 한 장을 샀습니다. 그는 복권 한 장에 자기의 전 인생을 걸었습니다. 만일 그 복권이 당첨되면 이젠 지긋지긋한 거지 생활을 청산하고, 복권이 당첨되지 않으면 유감없이 자기 인생을 하직하리라는 비장한 결심까지 했습니다.

그런데 지성이면 감천이라고 그의 결심이 어찌나 강했던지 그의 복권이 당첨되었습니다. 그는 이제 부자가 되었습니다. 그는 신이 났습니다. 그래서 깡통을 흔들며 한강 인도교로 달려갔습니다. 배가 고프고 갈 곳이 없을 때 늘 찾아가 눈물짓던 곳이었습니다. 그는 거기서 소리치며 깡통을 강물에 던졌습니다.

"너도 이제 마지막이다."

깡통은 한강 물 속에 깊이 잠겼고, 그는 휘파람을 불며 돌아섰습니다. 그런데 호주머니에 있어야 할 복권이 없습니다. 깡통 속에 복권을 넣어 둔 것을 깜빡 잊었던 것입니다. 별수없이 그는 다시 거지 생활로 돌아가야만 했습니다.

입학시험

부커 워싱턴은 햄프턴에 흑인을 위한 무료 학교가 있다는 말을 듣고 그 곳을 찾아가기로 했습니다. 그런데 그는 여관에서 잘 돈이 없어서 한뎃잠을 자며 가끔 굶기도 하고 두 달 가까이 걸려서 2천5백 리나 되는 길을 걸었습니다. 그리고 마침내 몸은 지쳤지만 부푼 가슴으로 햄프턴 사범학교에 도착했습니다.

그런데 접수하는 곳에 가보니 뜻밖의 일이 기다리고 있었습니다.

"우리 학교에 들어오려면 누군가의 추천이 있어야 합니다."

부커는 눈앞이 깜깜했습니다. 그만 자리에 주저앉아 버렸지요. 부커의 말을 들은 접수인도 딱하게 여겼습니다.

"교장 선생님께 말씀드리고 올 테니 여기서 좀 기다려 봐요."

그 직원은 부커를 교실에 남겨 놓은 채 어디론가 갔습니다. 부커는 한 가닥 실낱 같은 희망을 걸고 그가 돌아오기를 기다리다가 무심코 교실을 둘러보았습니다. 먼지 투성이에 거미줄까지 쳐져 있었습니다.

'가만히 앉아 있기보다 청소나 하며 기다리자.'

이렇게 생각한 부커는 비와 걸레를 찾아 청소를 하기 시작했습니다. 교실 구석구석의 먼지를 털고 거미집을 쓸어 내고 책상 위도 말끔히 청소했습니다. 유리창도 반들 반들 윤이 나게 닦았습니다. 창틀까지 말끔히 문질렀습니다. 얼마 후 교실은 몰라보게 깨끗해졌습니다. 그런데 그는 여기서 그치지 않고 책상을 쌓아 놓고 올라가 천장까지 구석구석 닦았습니다.

두 시간이 흘렀습니다. 그때 선생님 몇 분이 복도 유리창을 통해 부커가 열심히 청소하는 모습을 지켜보고 있었습니다. 물론 부커는 조금도 눈치채지 못했습니다.

"정말 부지런하군. 쓸모 있는 젊은이야."

선생님들은 이렇게 말했습니다. 그러나 부커는 깨끗이 정리된 교실을 보며 긴 한숨을 내쉬었습니다.

"나는 이 교실에서 공부할 수 없으니……."

그리고 그가 어깨를 늘어뜨리고 교실 문을 나서려는 순간 교장 선생님과 여러 선생님들이 함께 미소를 지으며 들어왔습니다.

"우리는 자네가 청소하는 모습을 보고 기쁜 마음으로 입학시키기로 했다네. 입학 시험에 통과한 셈이야."

"그게 정말이십니까?"

부커는 감격의 눈물을 흘렸습니다.

이 부커 워싱턴이 바로 미국 흑인의 아버지라 불리는 훌륭한 인물입니다. 나중에 부커는 흑인을 위해 대학을 세우고 흑인 교육에 평생을 바쳤습니다.

진주

옛날에 아만이라는 마을이 있었습니다. 그 마을 사람들은 모두 가난했지만 아주 편안한 마음으로 행복하게 살고 있었습니다.

그러던 어느 날 어부 유포와 요파 두 사람이 이상한 물건을 그물로 건져 올렸는데 그것은 크고 묵직한 나무 궤짝이었습니다. 두 사람은 궤짝을 물가로 가져가서 열어 보았습니다. 그 안에는 아름다운 진주가 가득 들어 있었습니다. 두 어부는 이 진주를 어찌해야 좋을지 몰라 현자 아키암에게로 가져갔습니다.

"이 물건을 어찌해야 좋겠습니까? 진주가 엄청나게 많아서 집집마다 나눠 주어도 충분합니다. 이렇게 되면 아만에 사는 모든 사람들이 아주 큰 부자가 될 겁니다."

"진주를 바다에 도로 갖다 버리게나."

놀랍게도 현자 아키암은 그들에게 이렇게 지시했습니다. 그러자 요파가 이상하다는 듯이 물었습니다.

"어르신, 가난한 사람들이 이 진주를 가지면 부자가 되어 행복해질 텐데, 어르신은 달갑지 않으신가 보지요?"

현자 아키암이 대답했습니다.

"부자가 된다는 것과 행복해진다는 것은 서로 상극이라네. 다만 사람들은 비록 가난할망정 소유가 아닌 있는 그대로의 삶을 사랑하는 까닭에 행복하다네. 사람들은 상대가 소유하고 있는 것 때문이 아니라 상대의 있는 그대로를 보고 서로 사랑하고 있는 거지. 만일 아만 마을이 부유해지면 이 모든 것이 거꾸로 될 게야. 삶은 소유하는 것 때문에 사랑받고, 사람들은 소유한 것으로 사랑받게 되는 거지. 이렇게 되면 우리 마을은 최고의 부자 마을이 될지는 몰라도 더없이 불행해질 거야."

유포와 요파는 현자의 말을 따랐습니다. 그들은 진주를 바다로 가져다 버렸고, 그리하여 아만 마을은 그대로 행복하고 평화로울 수 있었습니다.

네 마리의 황소

이솝 우화 가운데 아주 친한 네 마리의 황소에 대한 이야기가 있습니다.

그들은 어디를 가든지 함께 가고, 함께 풀을 뜯으며, 함께 누워서 쉬었습니다. 그렇게 항상 서로 가까이 지냈기 때문에 어떤 위험이 다가오면 그들은 서로 힘을 합하여 대처해 나아갈 수 있었습니다.

그런데 그들을 잡아먹으려는 사자 한 마리가 있었습니다. 하지만 그 사자는 그들을 한 번에 다 잡아먹을 수는 없었습니다. 1:1 대결은 자신이 있었지만 한 번에 네 마리는 힘에 겨웠던 것입니다.

그래서 사자는 호시탐탐 기회를 엿보다가 한 가지 꾀를 생각해 냈습니다. 소들이 풀을 뜯을 때 사자가 그 중 약간 뒤처진 황소에게 살금살금 다가가 귓속말로 다른 소들이 그를 흉보고 있다고 말하는 것이었습니다.

사자가 자꾸 이런 식으로 접근하자 마침내 네 친구들은 서로를 불신하게 되었습니다. 각자는 다른 세 마리가 자기를 모략하고 있다고 생각하여, 마침내 그들 사이는 깨어져서 뿔뿔이 흩어졌습니다. 이것이 바로 사자가 노리던 바였습니다.

사자는 하나씩 하나씩 황소들을 잡아먹었고, 그래서 네 번의 훌륭한 식사를 할 수 있었습니다.

바이올린과 연주자

영국의 템스 강변에서 한 거지 노인이 낡은 바이올린을 연주하며 구걸을 하고 있었습니다. 그러나 그는 사람들의 관심을 끌지 못했습니다. 그때 웬 낯선 외국인이 그를 측은히 바라보며 말했습니다.

"지금 제게 돈은 없습니다. 그러나 저도 바이올린을 좀 다룰 줄 아는데 대신 몇 곡만 연주해 드리면 안 되겠습니까?"

거지 노인은 그에게 바이올린을 건네주었습니다. 곧바로 그가 활을 당기자 놀랍도록 아름다운 선율이 흘러 나왔습니다. 또한 그 소리를 듣고 많은 사람들이 모여들었습니다. 거지 노인의 모자에는 순식간에 많은 돈이 쌓이게 되었습니다. 연주가 끝나자 사람들은 뜨거운 박수를 보냈습니다. 그때 누군가가 외쳤습니다.

"저 사람은 바로 피가니니다!"

피가니니는 바이올린의 명연주자로 런던에 연수차 왔다가 잠시 산책을 하던 길이었습니다. 낡은 바이올린이지만 누구의 손에 의해 연주되느냐에 따라서 그 소리는 판이하게 달랐던 것입니다.

마부 사랑

근대 영국 대 정치가 중에 한 사람인 글래드 스턴이 총리로 재직하고 있을 때의 일입니다. 그는 의회에서 네 번째로 야당 의원들의 거센 공격을 받고 있었습니다. 한창 맹렬한 공격을 받고 있을 때 직원 한 명이 총리에게 오더니 귓속말을 하고 내려갔습니다. 총리는 일방적으로 이렇게 말하고는 황급하게 의회 밖으로 뛰어나갔습니다.

"공격을 연기하여 주십시오."

그러자 갑자기 의원들의 야유가 터졌습니다. 집기를 집어 던지는 이들도 있었습니다. 국회를 뛰쳐나간 총리가 찾아간 곳은 병원이었습니다. 그는 자신의 마차를 끄는 마부가 죽어가는 침상을 향해 갔습니다. 그 곳에서 늙은 마부는 평생을 섬겨 온 자기 주인의 손을 꼭 잡고 웃으면서 행복하게 운명했습니다. 그리고 곧 이 소식이 의회에도 전해졌습니다. 총리가 다시 의회에 들어왔을 때 의원들은 기립 박수로 그를 맞았습니다.

사랑은 모든 율법의 완성입니다.

사랑의 묘약

 하버드 대학교 심리학 교수 팀이 "사랑은 바이러스에 대한 저항력을 강화시킨다"는 실험 결과를 발표했습니다.

교수 팀은 먼저 학생들에게 인자한 얼굴을 한 성직자가 난민 병원에서 사랑으로 환자를 돌보는 기록 영화를 보여 주고 나서 IG—A(감기 바이러스에 대항하는 저항력)를 검사한 다음 일주일 후 이번에는 나치가 잔혹하게 유대인을 학살하는 기록 영화를 보여 주고 IG—A를 검사했습니다.

그 결과 연구 팀은 학생들이 사랑을 느꼈을 때 저항력이 더 높아진다는 사실을 알아냈습니다.

또 버클리 대학 연구 팀은 세 종류의 흰 쥐에게 먹이를 주는 방법을 달리하는 실험을 해보았습니다. 먼저 한 마리는 외롭게 먹이를 먹게 했습니다. 두 번째는 다섯 마리가 어울려 먹게 했습니다. 세 번째는 사람이 애정을 쏟으면서 직접 먹이를 주었습니다.

그 결과 첫 번째 쥐는 세포 활동이 둔화된 작은 뇌를 지닌 채 6백 일, 두 번째 쥐는 약간 무거운 뇌로 7백 일을 살았으며, 세 번째 쥐는 활발한 세포 활동을 보이는 무거운 뇌를 지니고 950일을 살았다고 합니다.

영원한 스승 남강 이승훈

<남강> 이승훈 선생님의 일화입니다.

그는 1907년(44세 때) 평안도 지방에서 무역상을 하던 중 "망해가는 나라를 교육으로 되살리자"는 도산 안창호 선생의 강연을 듣고 크게 깨우쳐 평안북도 정주에 오산학교를 설립했습니다.

오산학교는 조만식, 이광수 같은 훌륭한 선생님들이 계셔서 우리나라가 어려울 때 나라를 위해 일하는 큰 일꾼들을 배출한 곳입니다.

선생님은 생의 마지막에 자신의 시신을 인체 실험에 쓰도록 유언을 했습니다.

"나는 여러분에게 충분한 실험 실습 재료를 준비해 주지 못했습니다. 모두가 형편이 어려워서였지요. 이제 나는 마지막으로 학생들에게 인체 실험 재료를 준비해 드리고자 합니다. 내가 죽거든 내 주검을 가지고 해부하여 내장과 심장, 간, 허파 등을 연구토록 하십시오. 내 몸을 실험 재료로 바치겠습니다."

나중에 제자들은 그의 유언에 따라 인체 실험을 하기로 했으나, 이 일로 학생들의 독립운동이 더 거세질 것을 염려한 일본 경찰이 수술 실험을 중지시켰습니다.

수술은 결국 이뤄지지 못했지만 몸바쳐 제자를 사랑하고 위했던 선생님의 뜻은 모두의 가슴에 전해져서 마침내 오산학교 학생들은 나라를 되찾는 데 앞장섰습니다.

나무 치료사

 움직이지 못하고 왕진을 기다리는 '나무 환자'를 찾아 전국을 누비는 나무 종합병원 강전유 원장님의 이야기입니다.

말 못하는 나무의 병을 진단해서 주사를 놓고 수술도 하는 나무 종합병원의 강 원장님은 지난 1976년 나무 종합병원을 개업한 이래 나무와 더불어 살아온 '인간 상록수'입니다. 그가 지금까지 치료한 나무는 줄잡아 150만 그루 이상이 됩니다. 치료한 수목 중 천연기념물 103호인 속리의 정이품송은 차관급에 해당하는 나무로 온갖 정성을 쏟아 살려내는 데 무려 3년이 걸렸다고 합니다. 그 나무에 주입된 영양제만도 1,000cc들이 180여 병이고, 살균, 살충, 방부, 방수 처리를 하는 의료비는 2억여 원이 넘게 들었다고 합니다.

어렸을 때부터 나무를 좋아하긴 했지만 강 원장님이 이처럼 나무 환자를 보살피는 일에 평생을 바치기로 마음먹게 된 것은 서울대 농대 생물학과를 졸업하고 임업시험장에서 연구원으로 일하게 되면서부터랍니다. 조기에 발견하면 거의 100% 완치가 가능한데도 인간의 무지로 자연을 풍요롭게 하는 나무가 제대로 치료도 못 받고 쓰러지는 것을 보고 안타까운 마음에서 이 일에 본격적으로 뛰어들게 되었답니다. 그는 24년 동안 이 일을 하여 이젠 '척' 보기만 하면 '착' 알아맞히는 나무에 관한 한 도사가 되었습니다.

나무의 병은 4,500여 가지나 되며, 최근에는 아황산가스나 산성비 등 공해로 인해 합병증이 생겨 날이 갈수록 병종이 늘어 가고 있다고 합니다. 사람들이 자연을 얼마나 훼손시켜 왔는지 반성할 일입니다. 현재 나무를 치료하는 병원은 전국적으로 10여 곳, 인원 수는 100여 명 정도이나 환자를 찾아 전국을 누벼야 하는 거친 일이라서 이 일에 나서는 사람은 거의 없다고 합니다.

강 원장님은 나무 사랑에 대해 이렇게 말합니다.

"나무가 제대로 살지 못하는 환경 속에서 인간이 어떻게 제대로 살 수 있겠습니까? 우리 국민 모두가 식목일뿐만 아니라 1년 내내 자연을 아끼고 사랑하는 마음을 갖고 자연보호를 생활 속에서 실천하는 것이 중요하다고 생각합니다."

나 언제나 그대 곁에

한 중년 부부가 있었습니다. 어느 날 아내의 시력이 너무 나빠져서 눈 수술을 하게 되었습니다. 그런데 그것이 잘못되어 그만 실명을 하고 말았습니다. 그 후 남편은 매일같이 아내의 직장까지 안내를 하며 출근을 시켜 주고 하루의 일과가 끝난 다음에는 집까지 데리고 왔습니다.

그런데 어느 날 갑자기 남편이 아내에게 서로의 직장이 너무 머니 앞으론 혼자 출근하라고 말했습니다. 남편의 이 말에 아내는 너무나 섭섭했고 사랑하는 남편이 그런 말을 한 것에 대해 배신감까지 느꼈습니다. 그러곤 이를 악물고 살아야겠다는 결심을 한 후 그 다음날부터 혼자 출근을 했습니다.

아내는 지팡이를 짚고 버스를 탈 때 많이 넘어지기도 하고 때론 서러워서 울기도 하면서 혼자 다니는 훈련을 하기 시작했습니다. 그리고 2년쯤 지나서 어느 정도 익숙해졌다고 느끼던 어느 날 버스 운전 기사가 이 부인에게 이렇게 말했습니다.

"아줌마는 복도 많소. 매일 남편이 버스에 함께 앉아 있어 주고 부인이 직장 건물에 들어가는 순간까지 지켜보다가 등 뒤에서 손을 흔들어 주는, 보이지 않는 격려를 해주니까요."

이 말을 들은 아내는 감격스럽기도 하고 남편의 사랑을 의심했던 것이 부끄럽기도 해서 그만 울음을 터뜨리고 말았습니다.

남편의 사랑

서로 열렬히 사랑해서 결혼하게 된 한 쌍의 연인이 있었습니다. 남자는 아파트 한 채를 미리 사 두었고, 여자는 아파트 규모에 맞을 만한 가구와 가전제품을 점찍어 두었습니다. 그런데 갑자기 여자의 아버지가 사업에 실패해서 하루아침에 형편이 어렵게 되었습니다. 그 충격으로 여자의 아버지는 쓰러져 병원 신세까지 지게 되었습니다.

결혼을 한 달여 앞둔 어느 날, 남자가 눈물을 흘리며 여자의 두 손을 꼭 잡고 말했습니다.

"혜원 씨, 사실 아파트는 내 것이 아니에요."

그러자 여자의 눈에서도 눈물이 주르르 흘러내렸습니다.

"괜찮아요. 전 이제 그 집에 채울 살림살이를 하나도 준비할 수 없는걸요."

그리하여 두 사람은 단간 전세방에서 신혼 살림을 시작했습니다. 남자의 월급은 보통 사람들보다 적었지만 여자는 마냥 행복하기만 했습니다.

일 년 뒤 여자의 아버지는 다행히 건강을 회복해서 다시 사업을 일으켰습니다. 그러자 여자는 조금씩 자신이 불행하다는 생각을 하기 시작했습니다. 이제 크고 좋은 가구들을 얼마든지 살 수 있게 되었는데 남자에게 집이 없었기 때문입니다. 그러고 보니 결혼 전에 남자가 자기를 속였던 사실이 떠올랐고 억울하다는 생각마저 들었습니다. 여자는 친정 어머니에게 자신의 불만을 털어 놓았습니다. 그러자 어머니가 눈물을 흘리며 말했습니다.

"사실은 김 서방이 아무 말 하지 말라고 했는데 이제는 털어놓아야겠구나."

그리고 어머니가 들려주신 말씀은 남편이 아무것도 해 올 형편이 못 되는 신부의 마음이 조금이라도 상할까봐 자신의 아파트를 팔아 대신 장인의 빚을 갚았고, 매달 월급의 일부를 병원비로 써 왔다는 것이었습니다.

집으로 돌아오는 길에 그 여자는 남편의 깊은 사랑에 행복함을 감출 수가 없었습니다.

문어의 자식 사랑

문어는 바다 생물 총량의 상당 부분을 차지합니다. 그런데 문어는 빨리 자라지만 2-3년을 넘기지 못하고 죽으며, 번식 기회를 단 한 번밖에 갖지 못한다고 합니다. 왜냐하면 문어의 수컷은 몹시 격렬한 짝짓기를 해서 짝짓기가 끝나자마자 급속도로 약화되기 때문입니다. 위장 능력도 상실하고, 눈은 구름이 낀 것처럼 뿌옇게 되며, 아무것도 먹지 않다가 굶어 죽는 것입니다.

그러나 암컷은 엄마로서 아직도 할 일이 있습니다. 그런데 훌륭한 엄마가 되는 일은 쉽지가 않습니다. 암컷은 해안에 길고 끈끈한 수만 개의 알을 낳습니다. 그리고 그것들을 자신이 보호하기 좋도록 바위 틈에 붙여놓습니다. 또한 알이 부화될 때까지 보금자리를 떠나지 않습니다. 먹지도 않고 계속 산소를 공급하며 알을 노리는 적을 방어합니다.

그러다가 6개월 동안 꼼짝도 하지 않은 문어는 조금씩 마르고 기력도 잃어 갑니다. 하지만 알을 보호하는 일을 게을리할 수 없어 초인적인 힘을 발휘합니다. 알이 부화될 때쯤이면 어미 문어에게는 이미 죽음의 그림자가 드리워집니다. 자신이 죽을 것을 아는 문어는 알들이 부화하는 것을 방해할까 봐 알을 피해 밖으로 나와서 죽음을 맞이합니다.

 새끼들은 이런 어미의 헌신을 조금도 알지 못한 채 자신들의 생존을 위해 열심히 움직입니다.

지혜로운 부부

어느 유대인 마을에 서로 사랑하는 부부가 있었습니다. 그런데 이 부부에게는 이상하게 아기가 생기지 않았습니다. 유대인에게는 결혼 후 10년 정도 되어도 아기가 생기지 않으면 시댁에서 며느리를 쫓아내도 되는 풍습이 있다고 합니다. 사랑하는 이 부부는 여간 근심이 아니었습니다. 시댁 식구들은 부인을 쫓아내려고 하는데, 그 남편은 사랑하는 아내를 버리기가 싫었습니다.

그래서 이들 부부는 유명한 랍비를 찾아가게 되었습니다. 그리고 그들은 좋은 지혜를 얻게 되었습니다. 남편은 모든 가족을 다 모아놓고 아내를 사랑하지만 아직까지 아기를 낳지 못하니 자기 집으로 보내야겠다고 말했습니다. 그리고 마지막으로 그래도 10년 동안 열심히 살아 주었고 사랑하는 아내였으니까 아내가 원하는 것 한 가지는 주고 싶다고 말했습니다.

"당신이 우리 집에서 가장 소중하게 여기는 것 한 가지만 고르시오."

물론 아내는 남편을 골랐습니다. 그 곳에 모인 모든 친지가 감격해서 그들은 함께 살게 했고, 그 후 그 부부는 아기도 낳아 행복하게 살았답니다.

못난 여인의 참사랑

부모가 짝지어 준 사람과 결혼을 해야만 했던 시절의 이야기입니다.

신학문을 배우고 신문물을 안 총각이 양반임을 내세우는 부모의 고집을 못 이겨 못생긴 여인에게 장가를 가야 했습니다.

쭉 찢어진 눈, 돼지 코, 두툼한 입술, 큰 입……. 그야말로 괴물을 연상케 하는 보기 흉한 신부와 살면서 그는 그녀를 사랑하기가 너무나 어려웠습니다. 그래서 남편은 늘 그녀를 구박하고 천대했지만, 그 여인은 한결같이 시부모를 공경하고 남편을 사랑했습니다.

그러던 어느 날 그 남편은 갑자기 번쩍하며 실명을 했습니다. 그리고 어느 사형수가 주었다는 한쪽 눈을 얻어 다시 세상을 보게 되었습니다. 퇴원하는 날 그는 먼저 자신에게 한쪽 눈을 준 사형수의 무덤에 가 보리라 다짐했습니다.

그런데 그가 새로운 눈을 가지고 나서 처음 만난 그의 아내는 남편을 바라보지 못했습니다. 그 여인은 사랑하는 남편을 위해 자신의 한쪽 눈을 주었던 것입니다.

남편은 그 사실을 알고 나서 뜨거운 눈물을 흘렸습니다. 그 사랑은 남편의 마음을 움직이고도 남는 위대한 것이었습니다.

아버지의 소원

어느 초등학교 선생님이 일찍 상처를 하고 열두 살 난 딸을 키우느라 어머니 몫까지 다 해야 했습니다. 그는 딸을 구김살 없이 정성껏 키워 보려고 애썼지만 학교 일에 바빠서 시간을 내기가 어려웠습니다.

그러던 중 방학이 되어 그는 크리스마스 전 사흘 동안 시간을 내어 '이제는 딸하고 더불어 놀기도 하고 이야기도 하리라' 생각하며 딸을 찾았습니다. 그런데 딸은 제 방에 들어가서 문을 잠가 버리고 사흘 동안 나오지를 않았습니다. 밥만 먹고 들어가고 또 밥만 먹고 들어가고 해서 영 자리를 같이할 수가 없었습니다.

아버지는 무척 섭섭했습니다. '그래, 무슨 이유가 있겠지. 그동안 내가 너무 등한히 해서 마음이 상했나 보다' 라고 생각했습니다.

그렇게 사흘이 지나고 크리스마스 날이 되었습니다. 사흘 동안 아버지를 피하기만 하던 딸이 기쁜 얼굴이 되어 눈에 빛을 내면서 말했습니다.

"아빠, 크리스마스 축하해요."

그러더니 자기가 손수 뜬 장갑 하나를 내놓는 것이었습니다. 그것은 크리스마스 날 아버지에게 장갑을 선물하기 위해서 사흘 동안 뜬 것이었습니다. 고맙게 받기는 했으나 아버지는 내심 섭섭했습니다.

'내가 바라는 것은 장갑이 아닌데. 나는 너와 이야기하고 싶었는데……'

그때 얼마나 추우셨습니까?

한국 전쟁이 한창이던 어느 추운 겨울날, 한 미군 장교가 지프차를 타고 달리다가 차를 길가에 세워 놓았습니다. 휘발유가 떨어져서 본부에 무전 연락하여 급유 받으려는 것이었습니다. 근처의 다리 밑에서 아기 울음 소리가 들려왔습니다. 다리 밑으로 내려가 보니 한 여인이 벌거벗은 채 얼어 죽어 있었습니다. 그녀는 자기 옷으로 감싼 갓난아이를 가슴에 끌어안고 있었는데, 다행히도 아이는 죽지 않고 살아서 울고 있었습니다.

그 장교는 '하나님이 이 아이를 살리려고 차를 이 곳에 세우셨구나!' 하는 마음이 들어 그 아이를 자기 양아들로 입양했습니다.

그 후 그 아이는 미국에서 자랐고, 어느 날 아버지는 그 아들에게 친어머니에 대하여 이야기해 주었습니다.

"너의 어머니가 추운 겨울날 너를 살리기 위해 자기 옷으로 감싸 주고 자신은 얼어 죽었단다."

나중에 그 아들은 한국을 방문하여 사람들에게 물어물어 자기 어머니의 무덤을 찾아갔습니다.

"얼굴도 모르는 어머니, 나를 낳아 주시고 살리신 어머니, 당신의 아들이 왔습니다!"

그는 자기 옷을 벗어 무덤 위에 덮으며 말했습니다.

"어머니, 그때 얼마나 추우셨습니까?"

사랑과 용서

인도의 성자 마하트마 간디의 어렸을 적 이야기입니다. 하루는 간디가 친구들과 함께 놀다가 근처에 있는 가게에서 구워 파는 양고기가 먹고 싶어졌습니다. 궁리 끝에 그는 집에 돌아와서 몰래 아버지의 침실로 들어갔습니다. 그리고 장롱을 뒤져 동전을 꺼내들고 달려가서 양고기를 사 먹었습니다. 그런데 양심에 가책을 느낀 그는 차라리 벌을 받을지언정 정직하게 고백하는 편이 좋겠다고 결정하고, 밤에 주무시는 아버지를 깨울 수 없어서 편지를 썼습니다. 그리고 편지를 돌돌 말아 아버지의 침실 문 열쇠 구멍에 끼워 넣고 돌아왔습니다.

다음날 새벽에 아버지가 노한 모습으로 방문을 여실 것만 같아 그는 일찍 잠에서 깼습니다. 그리고 아버지의 침실로 가 보았습니다. 열쇠 구멍에 꽂혀 있던 편지는 없어지고, 그 구멍을 통해 방안을 살피니 아버지가 편지를 읽으며 눈물을 닦고 계셨습니다. 그 순간 간디는 문을 열고 들어가 용서를 빌었고, 아버지는 그를 꼭 껴안아 주셨습니다.

어머니와 눈먼 딸의 만남

부모로부터 버려진 눈먼아이가 있었습니다. 그 아이는 많은 날 동안 마음속에 부모에 대한 증오의 싹을 키워 가며 살았습니다. 그리고 '어머니를 결코 만나지 않으리라. 만약 만나면 피맺힌 절규를 하리라' 다짐했습니다.

그러던 어느 날 그녀는 자선 단체의 강력한 부탁으로 인하여 어쩔 수 없이 어머니를 만나게 되었습니다. 그녀는 '이제 잘 되었다. 그동안의 원한을 갚아야지' 하고 다짐했습니다. 그리고 어머니를 만났는데 이게 어찌된 일일까요. 그녀의 어머니 역시 장님이었던 것입니다.

"사랑하는 딸아 날 용서해다오. 아무것도 볼 수 없는 나는 너를 도저히 키울 수가 없어서 널 버렸단다. 하지만 한 번도 널 잊어 본 적이 없단다. 그리고 널 위해 기도했단다. 넌 참으로 아름답게 자랐구나. 하나님의 은혜가 정말 크구나."

증오의 싹을 키워 왔던 딸은 그 말에 오열을 터뜨리고 말았습니다. 그리고 그녀는 증오를 사랑으로 바꾸지 않을 수 없었습니다.

사랑의 약상자

어느 마을에 서로 사랑하며 사는 부부가 있었습니다. 그런데 이 부부는 무척 가난했습니다. 어느 날 남편이 병이 들었으나 돈이 없어 의사를 부를 수가 없었습니다. 남편을 사랑한 아내는 용기를 내어 사정을 말하고 의사 선생님을 모셔 왔습니다. 의사 선생님은 남편을 진찰한 뒤 내일 약을 가지러 오라고 했습니다.

다음날 그 아내는 병원 문이 열리자마자 병원 안으로 들어갔습니다. 의사는 반갑게 맞아 주면서 하나의 약상자를 주었습니다. 그리고 약상자를 열어 보면 처방전이 있으니 그대로 하면 남편이 건강해질 것이라고 말했습니다. 아내는 무척 기뻐하며 집으로 돌아와 약상자를 열어 보았습니다.

약상자 속에는 돈이 가득 들어 있고, 다음과 같은 내용이 적혀 있었습니다.

"당신 남편의 병은 영양실조입니다. 이 돈으로 음식을 사서 먹으면 병이 완쾌될 것입니다."

사랑차 만드는 법

 ### 사랑차 준비물

1. 성냄과 불평은 뿌리를 잘라 내고 잘게 다진다.
2. 교만과 자존심은 속을 빼낸 후 깨끗이 씻어 말린다.
3. 짜증은 껍질을 벗기고 반으로 토막을 낸 후에 넓은 맘으로 절여 둔다.

사랑차 끓이는 방법

1. 주전자에 실망과 미움을 한 컵씩 붓고, 씨를 잘 빼낸 다음 불만을 넣고 푹 끓인다.
2. 미리 준비한 재료에 인내와 기도를 첨가하여 재료가 다 녹고 쓴맛이 없어지기까지 충분히 달인다.
3. 기쁨과 감사로 잘 젓고, 미소를 몇 개 띄운 후 깨끗한 믿음으로 잔에 따라 따뜻하게 마신다.

걘 내 친구니까요

월남전이 한창일 때, 작은 월남인 부락의 고아원에 박격 포탄이 떨어졌습니다. 몇 사람이 죽고 몇 명의 어린이가 부상을 당했습니다. 의사들이 급하게 도착해서 부상자들 중 여덟 살 가량의 소녀를 먼저 치료하기로 결정했습니다. 그 소녀는 부상이 너무 심했던지 당장 수혈이 필요했고, 서둘러 검사를 해본 결과 미국인 의사와 간호사들 중에는 맞는 혈액형이 없었고 부상당하지 않은 고아들 중 몇몇 아이가 같은 혈액형이었습니다.

미국인 의사와 간호사들은 월남어를 몰랐지만 필사적으로 손짓 발짓을 섞어 가며 박격 포탄에 놀란 아이들에게 그 소녀가 흘린 피를 지금 보충해 주지 않으면 틀림없이 죽게 될 것이라는 사실을 설명해 주려고 애쓰고 있었습니다. 누군가가 피를 나누어 주어야 한다고 말입니다.

한참 후 조그만 손 하나가 머뭇거리며 올라갔다가 도로 내려가더니 다시 올라왔습니다.

그 손의 주인공은 '헹'이라는 소년이었습니다.

"오! 고맙구나, 헹."

간호사는 즉시 헹의 팔을 걷었습니다. 잠시 후 헹은 자유로운 한 손으로 얼굴을 가리더니 몸을 떨었습니다.

"왜 그러니?"

헹은 아무 일도 아니라는 듯이 고개를 저었다가 조금씩 흐느꼈습니다. 흐느끼는 소리가 새어 나오자 헹은 작은 손으로 자기 입을 틀어막았습니다. 그러다가 두 눈을 꼭 감더니 흐느끼는 소리를 죽이기 위해 주먹을 입에 갖다 댔습니다. 당황한 의사와 간호사들이 어쩔 줄을 모르고 있을 때, 때마침 월남인 간호사가 도착했습니다. 그때 사정을 들은 월남 간호사는 헹과 몇 마디 말을 나누더니 싱긋 웃었습니다.

"헹은 당신들의 말을 잘못 알아들었습니다. 당신들이 이 어린 소녀를 살리기 위해 자기 피를 전부 뽑아 주겠느냐고 물은 줄 알았다고 합니다. 그래서 자기는 죽을 거라고 생각했답니다."

"그렇다면 왜 이 아이는 자진해서 피를 뽑아 주려고 했나요?"

월남인 간호사가 헹에게 똑같은 질문을 했습니다.

이제 울음을 그친 헹은 너무나 맑은 얼굴로 이렇게 대답했습니다.

"걘 내 친구니까요."

백선행

평양에 '백선행'이라 불리는 과부가 살았습니다. 그녀는 평양 출신으로 열여섯 살에 결혼하여 열아홉 살에 자식도 없이 과부가 되었습니다. 워낙 박색인데다 가진 것이 없어서 삯바느질, 콩나물 장수, 가정부, 청소부 등 안 해본 일이 없을 정도로 험한 일을 하면서 돈을 모았습니다. 그리고 그렇게 모은 돈으로 땅을 사서 재산을 늘려 부자가 되었습니다.

그녀는 많은 재산을 가지고 교통이 불편한 곳에 다리를 놓았습니다. 또 공회당을 지어 기증했으며, 땅을 사서 학교에 기증하여 재단법인을 만들도록 도와주었습니다. 조만식 선생님이 주도했던 물산장려회에도 많은 돈을 희사했으며, 1925년에는 모든 재산을 가난한 사람과 사회단체에 분배했습니다.

그래서 이 아름다운 선행으로 인해서 그녀의 이름은 '백선행'이라고 불리게 되었습니다.

젊은이들이 가끔 그녀를 찾아가 물었습니다.

"할머니, 어떻게 하면 돈을 벌 수 있습니까?"

그러면 그녀는 이렇게 대답하는 것이었습니다. "세 가지만 잘하면 누구든지 돈을 벌 수 있다. 첫째, 남이 먹기 싫어하는 음식을 먹고, 둘째, 남이 입기 싫어하는 옷을 입고, 셋째, 남이 하기 싫어하는 일을 해라."

심는 대로 거두는 법칙

어느 곳에 도로 공사가 벌어졌는데 앰뷸런스에서 의사가 급히 내리면서 말했습니다.

"미안하지만 바쁜 일이 있어서 저 동네에 가야 하는데 이리로 가게 해줄 수 없습니까? 저리로 돌아가면 20~30분이 더 걸리게 됩니다."

그런데 공사 장비를 치우는 일은 그리 쉬운 일이 아니었습니다. 하지만 그 공사 감독은 선한 사람이라 얼른 공사 장비를 치우고 철판을 깔아 순식간에 앰뷸런스가 지나가게 해주었습니다. 그날 저녁 집에 돌아온 공사 감독은 아내가 하는 이야기를 듣고 깜짝 놀라지 않을 수가 없었습니다. 아이가 동전을 갖고 놀다가 목구멍에 걸려서 얼굴이 새파랗게 되어 앰뷸런스를 불렀는데, 그 의사가 하는 말이 도로 공사를 하는 분들이 길을 내주어서 이 아이가 살았지 조금만 늦었더라도 죽었을 거라는 말이었습니다. 만약 그 공사 감독이 이기적인 생각으로 공사 장비를 치워 주지 않았더라면 아들의 목숨을 잃었을 것입니다. 사람이 무엇으로 심든지 심는 대로 거두게 되는 것입니다.

선행의 결과

영국 웨일즈 지방의 아주 깊은 산골에 사는 한 소년이 병으로 사경을 헤매게 되었습니다. 이 소년은 어머니와 단 둘이 살고 있었기에 그 어머니의 걱정은 이루 말할 수가 없었습니다. 돈도 없었을 뿐만 아니라 집 부근에는 병원도 없었습니다.

어머니는 날마다 걱정을 하다가 용기를 내어 5마일이나 되는 거리를 빗속을 뚫고 병원으로 달려가 의사를 붙들고 사정을 했습니다. 의사는 무척 괴로웠습니다. 의사가 된 것이 원망스럽기도 했고, 한편으로는 돈만 보고 의사 노릇을 할 수는 없지 않은가 자문하기도 했습니다. 결국 그는 마지못해 빗속을 뚫고 달려가 그 아이를 치료해 주었습니다. 그리고 다행스럽게도 치료에 큰 효험이 있었습니다.

수십 년이 지난 어느 날, 로이드 존 경이라는 영국이 낳은 유명한 정치가가 재무상으로 등단하여 축하를 받게 되었습니다. 축하연이 벌어진 자리에 그 의사도 참석을 했는데, 자세히 보니 그

재무상은 자기가 치료해 주었던 바로 그 소년이었습니다. 의사는 정말 놀랐습니다. 그 당시 마지못해 치료해 준 그 선한 일이 오늘날 이렇게 엄청난 결과로 나타날 줄이야 상상이나 했겠습니까?

  우리의 작은 선행이 뜻밖의 결과로 나타날 때가 있습니다. 비록 작은 일이더라도 왼손이 하는 일을 오른손이 모르게 베푸는 일에는 엄청난 열매가 있나 봅니다.

미켈란젤로

 이탈리아의 한 영주가 정원을 산책하다가 나무 화분에 놀라운 솜씨로 조각을 하는 젊은 정원사를 보았습니다. 영주는 그를 불러 물었습니다.

"화분에 조각을 한다고 보수를 더 받는 것도 아닌데 어찌하여 그런 수고를 아끼지 않느냐?"

그 젊은 정원사가 대답했습니다.

"저의 책임은 이 정원을 아름답게 하는 것입니다. 작업시간이 끝난 뒤에 조금씩 조각하고 있을 뿐입니다."

그의 소질과 충성된 자세를 보고 영주는 그에게 미술 공부를 시켰습니다.

이 청년 정원사가 바로 조각가로 유명한 '미켈란젤로' 입니다.

하버드 대총장 루딘스틴의 어머니

전통적으로 하버드 대학의 총장이 된 사람들은 대부분 훌륭한 가문 출신이었습니다. 하지만 루딘스틴의 집안은 그리 좋은 편이 아니었습니다. 그의 아버지는 유태계 소련인이었고, 어머니는 이탈리아 출신의 식당 종업원이었습니다. 게다가 그는 하버드 대학 출신도 아니었기에 사람들은 무언가 비리가 숨어 있을 것이라고 수군거렸습니다.

그러나 루딘스틴은 그런 이야기들에도 전혀 아랑곳하지 않았고, 자신의 부모님을 자랑스러워했으며, 하버드 대학을 위해 자신이 해야 할 일들을 묵묵히 해 나갔습니다.

그리고 루딘스틴의 어머니는 아들이 미국 최고의 명문 대학 총장이 되었는데도 예전의 생활과 똑같이 허름한 식당에서 종업원으로 일하고 있었습니다. 그의 어머니가 식당 일을 계속 하고 있는 것을 알게 된 기자들은 어느 날 식당으로 그녀를 찾아가 취재를 했습니다. 한 기자가 궁금증을 참다못해 물었습니다.

"식당 일은 언제 그만두실 겁니까?"

그러자 루딘스틴의 어머니는 웃으면서 대답했습니다.

"내 아들은 자기 일에 최선을 다하여 하버드 대학의 총장이 되었어요. 그러니 나도 맡은 바 내 일에 최선을 다해야지요. 만일 내 아들이 대통령이 된다 하더라도 나는 내가 하던 일을 계속할 것입니다."

어머니의 말에 기자들은 모두 고개를 끄덕였습니다.

"역시 아들 못지않은 어머니로군……."

앤드루스 박사

한 청년이 대학을 졸업하고 미국 뉴욕 박물관에 임시직 사원으로 취직했습니다. 이 청년은 매일 남보다 한 시간씩 일찍 출근해서 박물관의 마룻바닥을 닦았습니다. 그는 마루를 닦으며 항상 행복한 표정을 지었습니다.

평소 이 청년을 눈여겨보던 박물관장이 어느 날 그에게 물었습니다.

"대학 교육을 받은 사람이 바닥 청소를 하는 것이 부끄럽지 않은가?"

청년은 웃으면서 대답했습니다.

"이 곳은 그냥 바닥이 아닙니다. 박물관의 마룻바닥입니다."

얼마 지나지 않아서 청년은 성실성을 인정받아 정식 직원으로 채용되었습니다. 그는 알래스카 등을 찾아다니며 고래와 포유동물에 대한 연구에 몰두했습니다. 그리고 몇 년 후에는 세계에서 가장 권위 있는 고래 박사로 불리게 되었습니다. 뿐만 아니라 그는 나중에 뉴욕 박물관 관장까지 맡게 되었습니다. 이 사람이 바로 세계적인 고래 학자 앤드루스 박사입니다.

가장 소중한 재산

어느 여객선이 바다를 항해하고 있었습니다. 그 배 안에는 돈 많은 부자들과 학자 한 사람이 타고 있었습니다. 부자들은 차나 술을 마시면서 자기들의 재산을 자랑하기 시작했습니다.

"난 이 세상에서 가장 큰 다이아몬드를 가지고 있다오."

"허허허, 그건 약과요. 나에게는 입이 다물어지지 않을 정도의 큰 집이 있다오."

"우리 집 금고에는 늘 돈이 가득 차 있소이다. 하하하."

부자들은 저마다 자기 재산 자랑을 하느라 정신이 없었습니다.

그런데 손님 중에서 허름한 옷을 입은 학자가 있었습니다. 그는 빙그레 미소를 지으며 부자들의 이야기를 듣고만 있었습니다. 한 부자가 이상하다는 듯 고개를 갸웃거리며 물었습니다.

"당신은 왜 아무 말도 하지 않고 있는 거요? 하긴 차림새를 보니 자랑할 만한 재산도 없겠구먼."

"아니올시다. 제게도 여러분 못지않은 보물이 있습니다."

"큰 보물이라구요? 돈이나 땅이 우리보다 많다는 거요?"

"그런 건 아닙니다."

"그럼 당신의 재산을 우리에게 보여 줄 수 있겠소?"

그러나 학자는 고개를 가로저으며 말했습니다.

"지금 당장 보여 줄 수 없는 게 안타깝군요. 그러나 분명한 건 내 재산은 여러분의 재산을 합친 것보다도 더 클 것입니다."

부자들은 고개를 갸웃거리며 생각에 잠겼습니다.

'호오, 이 세상에 볼 수 없는 재산도 있나?'

'눈으로 볼 수 없는 재산이란 뭘까?'

'보석이나 돈보다 더 큰 재산이란 게 뭘까?'

그때였습니다.

해적들이 배를 습격하여 부자들의 모든 보석과 돈을 몽땅 빼앗아갔습니다. 배 안의 연료까지도 빼앗았습니다. 그 배는 그리하여 이름모를 낯선 항구에 도착했습니다.

부자들은 거지가 되어 한 푼만 도와달라고 구걸하며 겨우 살아가게 되었습니다. 그러나 학자는 그곳 학교를 찾아가 학생들을 가르치게 되었고, 그의 학식에 모든 사람이 감탄하며 그를 존경하게 되었습니다.

거지가 된 부자들이 우연히 길에서 그 학자를 만나게 되었습니다.

"선생님, 저희가 참으로 어리석었습니다. 이제야 선생님께서 가진 재산이 세상에서 가장 크다는 걸 알았습니다."

학자는 부자들의 손을 꼭 잡으며 이렇게 말했습니다.

"보석이나 돈은 빼앗기거나 잃어버릴 염려가 있지만 지식이나 인격은 빼앗길 걱정을 하지 않아도 된답니다."

스승의 은혜

　미국의 유명한 소설가 미티너란 사람이 카터 대통령으로부터 저녁 식사에 초대를 받았습니다. 이것을 본 주위 사람들은 모두 부러운 눈으로 미티너를 바라보았습니다. 그러나 그는 정중하게 대통령의 초대를 사양하는 편지를 썼습니다.

카터 대통령께

저를 만찬에 초대해 주셔서 참 감사합니다. 그러나 대통령의 초대를 받기 전에 제 은사님의 생일잔치에 초대를 받았습니다. 하늘 같은 은사님의 생일 잔치에 가기로 한 약속을 어길 수 없음을 대통령께서 너그럽게 헤아려 주시기 바랍니다.

이런 편지를 카터 대통령께 보내고 미티너는 고등학교 시절 은사님의 생일 잔치에 참석했습니다. 머리가 하얀 선생님은 생일 잔치에 온 미티너의 손을 잡고 반가워하며 말했습니다.

"소설가 미티너! 딴 사람은 몰라도 자네는 꼭 올 줄 알았네."

"선생님, 생신을 축하드립니다. 이것은 제가 최근에 쓴 소설입니다."

미티너는 소설책 한 권을 선생님께 드리며 축하 인사를 드렸습니다.

한편, 카터 대통령은 미티너가 보낸 편지를 펴 읽어 보고 고개를 끄덕이며 이렇게 말했습니다.

"미티너는 훌륭한 작가야. 고등학교 때 은사를 잊지 않고 존경하고 있으니 말야."

장군의 아들

지위가 높은 장군을 아버지로 둔 학생이 있었습니다. 이 학생은 주위의 많은 사람들이 아버지의 명령에 따르는 모습을 보고 자랐습니다. 그리고 그렇게 군인들뿐만 아니라 주변 사람들도 아버지의 말에 꼼짝 못하는 것을 보고 그는 '우리 아버지가 세상에서 제일 무서운 분이구나' 하고 늘 생각했습니다.

게다가 장군인 아버지는 아들을 끔찍하게 예뻐했기 때문에 아들 말이라면 무엇이든지 들어주었고, 이로 인해 그 학생은 항상 기고만장했습니다.

그는 학교에서도 선생님 말씀을 잘 듣지 않고 장난이 심했습니다. 이 모습을 지켜보던 선생님이 하루는 장군의 아들을 크게 야단치며 따끔한 매로 다스렸습니다. 선생님께 혼이 난 그는 반성은커녕 집에 가서 아버지께 일러 바쳤습니다. 이 말을 들은 상군은 부관에게 명령했습니다.

"가서 정중하게 선생님을 모셔 와라."

선생님이 집에 도착하자 장군은 넙죽 엎드려 절을 했습니다. 그리고 극진히 대접하며 말했습니다.

"제 인사를 받으십시오. 버릇 없는 우리 아이를 바르게 자라도록 가르쳐 주셔서 감사합니다. 항상 집에서도 야단치는 사람이 없어 버릇 없이 자란 아이를 걱정했는데 앞으로 말을 듣지 않으면 따끔하게 혼을 내 깨우쳐 주시기 바랍니다."

이를 본 학생은 깜짝 놀랐습니다. 아버지가 선생님을 혼내기는커녕 선생님께 엎드려 절까지 하셨기 때문입니다. 그 후 학생은 이 세상에서 가장 무섭고 훌륭한 분이 자기 선생님이시라는 걸 알고 선생님의 가르침을 잘 받아 훌륭한 사람이 되었다고 합니다.

베이브 루스와 야구

 1895년 미국 볼티모어 시의 빈민가에서 태어난 베이브 루스는 소년 시절에 아무도 감당하지 못하는 난폭한 소년이었다고 합니다. 그는 부모가 불량 청소년 교육 기관인 세인트 메리 학교에 보내야 할 만큼 심각한 상태였는데, 이 악동은 그곳에서도 잦은 탈선을 일삼는 문제아였습니다.

그런데 어느 날 그 학교의 '메어시스'라는 선생님이 반항으로 일관하는 베이브를 향하여 이렇게 말했습니다.

"너는 참 어쩔 수 없는 아이구나. 단 한 가지 좋은 점을 제외하고 말이야."

"선생님, 거짓말하지 마세요. 저에게 무슨 좋은 점이 있다는 거죠?"

"네가 없으면 학교 야구 팀이 무척 곤란을 겪게 되지 않겠니? 그러니 한번 열심히 해보렴."

언제나 손가락질을 받던 베이브를 향한 메어시스 선생님의 말 한마디는 그의 비뚤어진 방향에 종지부를 찍게 해주었습니다. 베이브는 야구에 대한 재능으로 누군가를 기쁘게 해주고 의미 있는 존재가 되었다는 것에 큰 행복을 느끼게 되었습니다.

 그 후 그는 야구에 매진하여 학교를 졸업하고 은퇴할 때까지 714개의 홈런을 기록하는 대 선수가 되었고, 늘 메어시스 선생님께 감사하는 마음을 잊지 않았다고 합니다.

제3부

황금과 씨앗

실천

옛날 아테네의 한 극장에서 있었던 일이라고 합니다. 그날은 마침 국경일이어서 기념 연극이 공연 중이었습니다. 한 노인이 공연 시간에 조금 늦게 극장 안으로 들어섰는데 안에는 초만원 이어서 앉을 자리가 없었습니다. 노인은 어쩔 줄 몰라 하며 두리번거리면서 서 있었습니다. 이를 본 아테네 사람들이 서로 수군거렸습니다.

"저 노인에게 자리를 양보해라."

하지만 말은 그렇게 하면서도 어느 누구 하나도 자리를 양보하는 사람이 없었습니다. 노인은 천천히 외국인들이 있는 곳으로 발걸음을 옮겼습니다. 그런데 스파르타 사람들은 일제히 자리에서 일어나 서로 자리를 양보하며 노인에게 자리를 내주는 것이었습니다. 이 때 노인은 천천히 이렇게 말했습니다.

"아테네 사람들은 무엇이 옳은지 알고 있지만 행동하지 않는다. 그러나 스파르타 사람들은 그것을 즉시 행동으로 옮기는 사람들이다."

시간의 가치

매일 아침 당신에게 86,400불을 입금해 주는 은행이 있다고 상상해 보세요. 그러나 그 계좌는 당일이 지나면 잔액이 남지 않습니다. 즉 매일 저녁 당신이 그 계좌에서 쓰지 못하고 남은 잔액은 그냥 없어져 버립니다.

당신이라면 어떻게 하시겠습니까? 당연히 그날 모두 인출해야죠! 시간은 우리에게 마치 이런 은행과도 같습니다.

매일 아침 86,400초를 우리는 부여받고, 매일 밤 우리가 좋은 목적으로 사용하지 못하고 버려진 시간은 그냥 없어져 버릴 뿐이죠. 남은 시간은 없습니다. 더 많이 사용할 수도 없습니다.

매일 아침 은행은 당신에게 새로운 돈을 넣어 주죠. 매일 밤 그날의 남은 돈은 남김없이 불살라집니다. 그날의 돈을 사용하지 못했다면, 손해는 오로지 당신이 보게 되는 거죠. 돌아갈 수도 없고, 내일로 연장시킬 수도 없습니다. 다만 오늘 현재의 잔고를 갖고 살아갈 뿐입니다.

건강과 행복과 성공을 위해 최대한 사용할 수 있을 만큼 뽑아

쓰십시오! 지나가는 시간 속에서, 하루는 최선을 다해 보내야 합니다.

1년의 가치를 알고 싶다면, 학점을 받지 못한 학생에게 물어보세요.

한 달의 가치를 알고 싶다면, 미숙아를 낳은 어머니를 찾아가 보세요.

한 주의 가치는 신문 편집자들이 잘 알고 있을 겁니다.

한 시간의 가치가 궁금하다면, 사랑하는 이를 기다리는 사람에게 물어보세요.

일 분의 가치는 열차를 놓친 사람에게, 일 초의 가치는 아찔한 사고를 순간적으로 피할 수 있었던 사람에게, 천분의 일 초의 소중함은 아깝게 은메달에 머문 그 육상 선수에게 물어보세요.

당신이 가지는 모든 순간을 소중히 여기십시오. 또한 당신에게 너무나 특별한, 그래서 시간을 투자할 만큼 그렇게 소중한 사람과 시간을 공유했기에 그 순간은 더욱 소중합니다.

시간은 아무도 기다려 주지 않는다는 평범한 진리를 명심하세요. 어제는 이미 지나간 역사이며, 미래는 알 수 없습니다. 이 글을 읽고 있는 바로 지금이야말로 신이 당신에게 내린 가장 소중한 선물입니다.

우아하게 늙는 다섯 가지 묘약

미국의 자동차 산업을 크게 일으킨 찰스 키터링은 나이가 80이 넘어서도 새로운 기계를 발명하는 등 매사에 적극적이었습니다. 그가 83회 생일을 맞이했을 때 그의 아들이 말했습니다.

"아버지, 이제는 연구를 중단하고 좀 쉬시지요."

그러자 키터링이 대답했습니다.

"오늘만 생각하는 사람은 흉하게 늙는다. 나는 항상 미래를 바라본다."

사람들은 나이가 들면서 노년을 걱정합니다. 그리고 건강하고 우아하게 늙고 싶은 것이 한결같은 바람입니다. 그런데 이처럼 노년기를 우아하게 보내려면 세 가지를 유의해야 합니다.

첫째, 영혼의 문제를 생각해야 합니다.

둘째, 무슨 일에나 함부로 참견하는 습관을 버려야 합니다.

셋째, 같은 말을 반복하거나 남을 헐뜯는 일을 삼가야 합니다.

한편, 사람을 흉하게 늙도록 만드는 다섯 가지 독약이 있습니다. 그것은 불평과 의심과 절망과 경쟁과 공포입니다. 이 다섯 가지 독약의 양이 많을수록 노년의 얼굴은 심하게 일그러집니다.

반대로 사람을 우아하게 늙도록 만드는 다섯 가지 묘약이 있습니다. 그것은 사랑과 여유와 용서와 아량과 부드러움입니다.

고통받은 수양대군

 **단종은** 조선 시대의 여섯 번째 임금입니다. 그의 어머니는 그를 낳자마자 세상을 떠나고 열두 살에는 아버지 문종 대왕이 죽었으므로 그는 부모 잃은 어린 몸으로 한 나라의 임금이 되었습니다.

그런데 그가 임금이 된 지 3년 만에 그의 숙부 수양대군이 어린 조카 단종을 쫓아내고 자기가 임금이 되었습니다. 그 즈음에 황보인, 김종서 역사상 유명한 성삼문, 박팽년 같은 사육신(死六臣)과 그 밖에 단종에게 충성을 다하던 충신들 그리고 그 가족들 수백 명이 역적으로 몰려 무참히 희생되고 말았습니다.

수양대군은 정인지, 한명회 등 간악한 무리를 모아서 정부를 조직했는데 그가 바로 세조 대왕입니다. 역사를 살펴보면 충신은 늘 간신에게 몰리고 간신들이 세력을 잡은 때가 많이 있었습니다.

이 못된 새 임금은 어린 조카 단종을 서울에 두는 것도 싫어서 강원도 영월로 쫓아 보냈습니다. 노산군으로 불리던 단종은 나이 16세에 귀양을 가게 되었습니다. 그런데 흉악한 삼촌 세조는 조카를 세상에 살려 두는 것이 싫어서 노산군이 17세 되던 해 10월 27일, 그를 죽여 강에 띄워 버렸습니다. 그리고 권충신, 신충신 등 몇 사람이 남모르게 그 시체를 건져다가 장례를 지냈습니다. 그곳이 지금 영월읍 동북 편에 있는 장릉이라는 곳입니다.

한편, 어린 조카를 죽이고 왕이 된 세조는 13년 동안 왕노릇을 하면서 하루도 편한 날이 없었다고 합니다. 밤에 잠자리에 들기만 하면 그의 형수인 단종의 어머니가 나타나서 눈을 부릅뜨고 "이 조카를 죽인 놈!" 하곤 해서 깜짝 놀라 깨면 식은땀에 속옷이 흠뻑 젖었다고 합니다.

어느 날 밤에는 단종의 어머니가 나타나서 "이 고약한 놈" 하면서 침을 뱉었는데 얼른 몸을 돌렸지만 그 침이 세조의 등에 떨어졌다고 합니다. 깨어 보니 꿈인데 그 침이 떨어진 곳에 우연히 부스럼이 나서 쑤시고 아프고 아무리 치료를 해도 낫지 않아 몇 해를 고생하다가 그로 인해서 마침내 죽고 말았다고 합니다.

세조는 왕이 되어서 13년 동안 늘 마음의 고통을 당하다가 결국 죽었습니다.

이처럼 범죄한 양심은 고통당합니다. 그래서 악인은 따라오는 사람이 없어도 도망간다고 합니다. 범죄한 양심은 언제나 쫓기는 상태에 있는 것입니다.

뺑소니 운전자의 최후

서울 근교에 있는 유원지를 다녀오는 한 가족이 있었습니다. 차를 가지고 동리에 들어오면서 어두운 골목길을 이리저리 돌다 차도 한쪽에 검은 물체가 길에 누워 있는 것을 보았습니다. 예감이 심상치 않아서 차를 멈추고 내려 보니 한 청년 남자가 피투성이가 되어 쓰러져서 신음하고 있었습니다. 뺑소니 사고였습니다.

경찰에 신고하고 자신들은 관여하지 말고 가 버리자는 아내를 돌이키고 설득해서 그 골목에 애들과 함께 그대로 좀 서 있으라고 말한 후, 그는 이 신음하는 사람을 차에 태우고 인근 병원으로 갔습니다. 그런데 너무 중상인지라 작은 병원에서는 치료를 받을 수 없다고 했습니다.

그래서 할 수 없이 다시 그를 차에 태워 큰 병원으로 가서 입원 수속을 하는 동안 시간이 많이 흘렀습니다.

일을 끝내고 돌아와서 아내와 아이들이 서 있을 골목에 갔는데 그 곳에는 아무도 없었습니다. 아마 너무 기다리다 지쳐서 다른 편으로 집에 갔나 보다 생각하며 차를 몰고 집으로 가는데, 자기 집 쪽으로 불 자동차가 사이렌 소리를 내며 가는 것이었습니다. 왜 그런가 하고 서둘러 가 보았더니, 자신의 집, 조그만 빌라에 불이 붙어 타고 있었습니다. 큰일났다고 생각하며 걱정을 했는데, 차에서 내려 보니 자신의 아내와 아이들이 밖에 서 있습니다. 그뿐만 아니라 윗집에 살고 있던 처제 식구들도 나와 있었습니다.

이것이 어떻게 된 일이냐고 하니, 기다리다 지쳐서 처제에게 전화를 걸어 차를 가지고 와서 자신들을 좀 데려가라 했더니, 처제가 식구들과 함께 차를 몰고 와서 언니네 집 식구들을 태워서 가는데 가스 폭발로 불이 났다는 것이었습니다. 그래서 그 집 식구들은 모두가 다 무사했습니다. 그런데 102호 내외만 죽었습니다. 나중에 경찰이 조사해 보니, 바로 102호에 사는 그 사람이 뺑소니를 한 사람이었다는 것이었습니다. 이것이 밝혀짐으로 모두를 깜짝 놀라게 했습니다.

이웃이 어려움을 당한 것을 보고 구하려고 나섰다가 이 남자는 자기 집안 식구를 다 살릴 수 있었고, 죽어 가는 사람을 보고도 나만 살겠다고 뺑소니를 쳤던 사람은 죽었습니다. 이것은 실화입니다.

5억보다 큰 양심

1995년 가을의 어느 날 새벽, 한 환경미화원이 주택가 골목에서 청소 작업을 하다가 쓰레기통 위에 놓인 봉투 하나를 보았습니다. 그 봉투 속에 무엇이 들어 있는지도 모른 채, 그냥 쓰레기려니 생각하고 수레 안에 던져 놓았습니다. 그리고 동네 청소를 다 마친 후 이상한 느낌이 들어서 봉투를 열어 보았더니 놀랍게도 5억이나 되는 큰 돈이 들어 있었습니다.

환경 미화원은 작업을 끝낸 뒤 즉시 수소문하여 돈 봉투의 주인을 찾아서 돌려주었습니다. 돈 주인은 거래처에서 회사 공금을 수금하여 가지고 밤늦게 돌아왔는데 돈 봉투를 집 근처 쓰레기통 위에 얹어 놓고 자동차에 커버를 씌운 뒤 깜박 잊고 그냥 집으로 들어갔다는 것입니다.

서울시에서는 그의 선행을 표창하는 한편 희망하는 근무지에서 일할 수 있도록 선처를 했는데, 이 착한 환경 미화원은 당연한 일을 했을 뿐이라는 듯 쑥스러워했습니다.

만약 그 환경 미화원이 욕심을 부렸다면 어떻게 되었을까요? 아마도 그 돈으로 어느 정도 풍족한 생활을 할 수 있었을지도 모릅니다. 그러나 일생 동안 두고두고 양심의 가책 때문에 괴로움을 당했을 것입니다.

백 년 후에 필 꽃

　　케네디 대통령의 연설 원고를 작성하는 책임을 맡았던 테드 소렌슨은 『케네디』라는 책을 출판하여 화제를 모은 사람입니다. 소렌슨은 그 책에서 이렇게 말했습니다.

"케네디라는 젊은 대통령은 언뜻 보기에는 재치와 멋과 유머만 있고 내적인 깊이나 신념이 박약한 사람 같으나, 사실은 확신에 넘치는 심각한 일면과 내일에 대한 소박한 꿈을 지녔던 탁월한 지도자였다."

그 사실을 강조하기 위하여 소렌슨은 프랑스 루이 리오떼이 장군의 이야기를 예로 들었습니다.

"언젠가 리오떼이 장군이 나무 한 그루를 심고 싶은 마음이 있어서 그의 정원사를 불렀습니다. 정원사는 그 나무를 보고 그렇게 심기를 서두를 필요가 없다고 하면서, 그 나무는 백 년이 되기 전에는 꽃을 보기 어려운 나무라고 했습니다. 그랬더니 리오떼이 원수는 명령을 했습니다.

'그렇다면 오늘 오후에 당장 심어라.'

소렌슨은 케네디의 성격을 묘사하면서, 그도 만일 그 묘목이 백 년 후에나 꽃을 보는 나무라면 오늘 당장 그 나무를 심는 것이 옳다고 믿었던 인물이라고 결론을 지었습니다.

우리에게는 한 주일이나 한 달, 1년이나 10년이 아니라 자그마치 100년 후에야 겨우 꽃을 보게 될 나무를 오늘 오후에 당장 심는 그러한 마음의 자세가 필요합니다. 왜냐하면 100년을 예비하고 심는 지혜가 없다면 아무도 그 꽃을 볼 수 없기 때문입니다.

그러므로 당장 눈앞에 보이는 유익과 욕심보다 미래를 바라보고 예비할 수 있는 지혜로운 사람이 되어야겠습니다.

오늘 할 일

옛날 헤라 나라에 더베라는 도시가 있었습니다. 그 도시의 주권자이던 알키아스는 어느 날 저녁 큰 연회를 배설하고 그 나라의 귀족과 귀한 손님들을 많이 청했습니다. 그리고 노래와 아름다운 여자들의 춤이 있는 대 연회를 시작했습니다.

그때 어떤 사람이 편지가 든 봉투 하나를 그 주권자에게 주었습니다. 그러나 그는 "오늘은 향락의 저녁이니 사무는 내일 보아야겠어" 하며 그 봉투를 열지도 않았습니다. 그 주권자는 조금 후에 여자 댄서로 변장한 모반자에 의하여 참살당하고 말았습니다.

그런데 그 편지는 이러한 음모를 알리는 편지였다고 합니다.

인간의 삶에는 범사에 때가 있고 기한이 있는 법입니다. 우리에게는 오늘 꼭 해야 하는 일이 있습니다. 우리는 심을 때 심어야 하고, 거둘 때 거두어야 하며, 매일 해야 하는 일에 최선을 다해야 합니다.

나 때문에

미국 어떤 마을의 제빵업자가 가까운 농장에서 버터를 사 오곤 했는데 버터의 크기가 점점 줄어드는 것같이 느껴졌습니다. 하루는 그 사 온 버터를 저울에 올려 놓고 달아 보았습니다. 아니나 다를까, 그 농장의 버터 무게가 많이 줄어 있었습니다. 화가 난 제빵업자는 농장 주인을 고발했습니다. 그리고 법정에서 판사의 심문이 있었습니다.

"집에서 어떤 저울을 사용하고 있소?"

"우리는 저울을 사용하지 않습니다."

"그러면 어떻게 버터의 무게를 안다는 거요?"

"네, 간단하지요. 1파운드짜리 빵의 무게와 같게 만듭니다."

"그럼 그 1파운드짜리 빵은 어디에서 사 오는 거요?"

"우리는 늘 저 제빵업자한테서 사다 먹습니다."

결국 버터의 양이 줄어든 이유는 제빵업자의 빵이 줄었기 때문임이 밝혀졌습니다. 세상이 잘못됨이, 내 주변의 일들이 잘못됨이 나 때문은 아닌지요? 우선 나부터 바로 되어야겠습니다.

옷이 날개인가

함부르크의 어느 호텔에서 새로 채용된 한 접객 주임이 한창 열을 올리며 직원들에게 열심히 청소를 시키고 있었습니다. 그런데 정원 한가운데서 손님들을 위해 마련해 놓은 깨끗한 고급 벤치에 인상도 그리 좋지 않고 옷차림도 지저분한 남자가 걸터앉아 있는 걸 보았습니다.

그 접객 주임은 이런 훌륭한 고급 호텔 분위기가 행여나 저런 누추한 사람의 모습 때문에 깨어지지나 않을까 걱정이 되었습니다. 그래서 살며시 그 사람 뒤로 돌아가서 "여보시오, 미안하지만 남의 눈에 띄지 않게 즉시 이 곳을 떠나 주십시오"라고 쓴 쪽지를 넘겨주고는 그를 밖으로 내쫓았습니다.

그런데 그 일이 있은 지 며칠이 못 되어서 이번에는 그 접객 주임에게 다음과 같은 쪽지가 전달되었습니다.

"여보시오, 미안하지만 남의 귀에 소문이 나지 않게 오늘 즉시 이 호텔에서 나가 주십시오. 남루한 옷차림의 주인 백."

깜짝 놀란 이 접객 주임이 그 남루한 옷차림의 주인공이 누구인지를 알아보았습니다. 그는 다름아닌 그 호텔의 경영주 스터너스 씨였습니다. 그는 큰 회사를 열두 개나 가지고 있으면서 호텔은 그냥 부업 삼아 경영하고 있던 굴지의 대 재벌이었습니다.

사람을 외모로만 판단했던 이 접객 주임은 아무 소리도 못하고 그 호텔에서 해고되고 말았습니다.

눈을 멀게 한 욕심

한 늙은 성자가 여행을 하는 도중에 두 사람의 여행자를 만났습니다. 한 사람은 탐욕스럽고 욕심 많은 심술쟁이이고, 다른 사람은 시기심과 질투심이 많은 사람이었습니다.

그 성자는 헤어지면서 그들에게 선물을 주기로 약속했는데, 먼저 원하는 사람의 소원이 성취되면 다른 사람은 그것의 두 배를 얻게 된다는 것이었습니다.

두 사람 중 탐욕스럽고 욕심이 많았던 사람은 자신이 원하는 것을 먼저 말하고 싶지 않았습니다. 왜냐하면 자신이 두 배로 얻고 싶었고, 다른 사람이 두 배를 얻는다는 것은 참을 수 없는 일이었기 때문입니다. 그리고 시기심과 질투심이 많은 사람도 먼저 소원을 말하려 하지 않았습니다.

그래서 둘은 서로 다른 사람이 먼저 소원을 말하기를 기다렸습니다. 그러나 한참을 기다려도 둘 중 어느 누구도 먼저 말하려 하지 않았습니다.

결국, 그 시기심 많은 사람이 먼저 말하지 않으면 죽이겠다는 동료의 협박에 의해 먼저 소원을 말하게 되었습니다.

"좋아, 그렇다면 내가 먼저 소원을 말하지, 나의 소원은 한 눈이 실명되는 것이다."

즉시 그는 한 눈이, 그의 동료는 두 눈이 멀게 되었습니다.

욕심 많은 할머니

아주 오랜 옛날 깊은 산골 오막살이에 할아버지와 할머니 부부가 살고 있었습니다. 어느 날 할아버지가 사냥을 하러 깊은 산으로 갔습니다. 그런데 고개를 넘을 무렵 어디선가 이상한 소리가 들려왔습니다.

"사람 살려요!"

할아버지가 소리를 듣고 가까이 가 보니 깊은 구덩이에 예쁜 아가씨가 빠져 있었습니다. 그래서 구해 주니 아가씨는 고맙다는 인사를 하면서 자기는 하늘나라에서 온 천사인데 그 곳에서 죄를 지어 사슴 모양의 뿔을 달고 쫓겨났다고 했습니다.

집에 와 보니 할아버지가 살던 집은 없어지고 대궐 같은 집이 서 있었습니다. 그리고 집 앞에서 할머니가 할아버지를 맞이하며 사냥 가서 무슨 일이 있었느냐고 물었습니다. 할아버지가 산에서 있었던 일을 모두 이야기해 주자 할머니는 틀림없이 천사가 이렇게 해준 거라며 기뻐했습니다.

며칠이 지나자 할머니는 욕심이 생겼습니다. 그래서 할아버지께 가구도 장만해 주고 몸종도 구해 달라고 했습니다. 할머니는 매일 같이 할아버지를 못살게 굴었습니다.

이것 저것을 모두 갖게 된 후에 할머니는 이번에는 천사가 가지고 있는 사슴 뿔을 달라고 했습니다. 할아버지도 할머니의 성화에 못 이겨 용기를 내어 천사에게 말했습니다. 천사는 얼굴이 샛노래지며 할아버지에게 사슴 뿔을 뽑아 주었습니다.

그런데 할아버지가 사슴 뿔을 가지고 집에 도착해 보니 대궐 같은 집은 어디론가 사라지고 옛날에 살던 오막살이에서 할머니가 통곡을 하고 있었습니다.

인디언의 용서

어느 날 저녁 무렵 미국의 황야에 살던 한 개척자의 집에 지치고 허기진 인디언이 찾아와 그에게 먹을 것을 달라고 했습니다. 개척자는 거칠게 말했습니다.

"네게 줄 것은 아무것도 없어."

그래도 인디언은 우유 한 잔만이라도 달라고 했습니다. 그러나 개척자는 또 거절했습니다. 그래도 인디언은 냉수라도 조금만 달라고 사정했으나, 개척자는 거칠게 대할 뿐이었습니다.

"가라! 인디언 개놈아!"

인디언은 잠시 그 개척자를 흘겨보고는 가 버렸습니다.

그런 일이 있은 뒤 며칠이 지나서 그 개척자는 사냥을 하러 갔습니다. 깊은 숲속에서 길을 잃고 헤매다가 저녁이 되어 나무 사이로 희미한 불빛을 보고 그 곳을 향해 갔습니다. 그는 그 불빛이 어떤 인디언의 막사 안에서 비쳐 오는 것이라는 사실을 알았습니다. 그는 막사에 가서 자기 집으로 가는 길을 물었습니다. 그 인디언은 말했습니다.

"길이 아주 멉니다. 그리고 밤이 너무 어둡고요. 만일 당신이 숲속에서 헤매면 굶주린 늑대들의 밥이 될 것입니다. 그러니 오늘은 저희 집에서 머물고 내일 떠나도록 하십시오."

개척자는 그 제안을 받아들여 그의 집에 머물게 되었습니다. 그 인디언은 그를 위해 사슴 고기를 굽고, 마실 물을 주고, 잠자리까지 정성스럽게 만들어 주었습니다. 다음날 아침 인디언은 그 개척자를 깨우며 말했습니다.

"해가 떴습니다. 당신의 집이 머니 제가 길을 안내해 드리겠습니다."

그래서 둘은 함께 길을 떠났습니다. 개척자의 집이 가까워지자 인디언은 그에게 물었습니다.

"당신은 나를 기억합니까?"

"이전에 한 번 만난 적이 있다는 생각이 듭니다."

"그렇습니다. 당신은 당신 집 문간에서 저를 보았습니다. 당신에게 한마디 충고를 하겠습니다. 당신에게 먹을 것이나 마실 것을 조금만 달라고 청하는 사람에게 다시는 '가! 인디언 개놈아!' 하고 말하지 마십시오."

대장 병아리

 어느 농가에서 닭장에 병아리들을 키우고 있었습니다. 많은 병아리들이 한 닭장에서 살게 되었는데 그중에는 조금 큰 병아리도 있고 작은 병아리도 있었습니다.

여러 마리의 병아리 중에 유난히 큰 병아리를 대장 병아리라고 불렀습니다. 대장 병아리는 주인이 먹이를 주면 가장 많이 차지하고, 배부를 때까지 혼자 모이를 먹고, 늘 다른 병아리들을 괴롭혔습니다. 그러나 힘이 없는 병아리들은 늘 대장 병아리에게 당할 수밖에 없었습니다. 시간이 흐를수록 많은 먹이를 먹은 대장 병아리는 커 갔고 힘도 세어졌습니다.

어느 날 농부의 집에 귀한 손님이 오셨습니다. 농부는 닭장에 가서 어떤 닭을 잡을지 이리저리 살펴보았습니다. 농부의 눈에 띈 것은 다름아닌 대장 병아리였습니다. 왜냐하면 그놈이 가장 먼저 큰 닭이 되어 있었기 때문입니다.

그래서 욕심만 부리던 대장 병아리는 가장 먼저 죽게 되었습니다.

황금과 씨앗

 한 여객선이 심한 폭풍우로 항로를 잃고 헤매다가 어느 무인도에서 난파되었습니다. 승객들이 머리를 짜서 의논을 했지만 빠져 나갈 방법이 없었습니다.

난파된 배 주위를 살펴보니 다행히 몇 달 먹을 식량과 씨앗이 있었습니다. 그들은 사는 날까지 살아야 했기에 씨앗을 심기로 결정하고 땅을 팠습니다. 한데 땅을 파다 보니 황금 덩어리가 나왔습니다. 그들은 씨앗 뿌리는 것을 까맣게 잊고 황금을 캐느라 온 무인도를 동분서주했습니다.

몇 달 후 황금은 산더미같이 쌓였고, 그들은 누구나 할 것 없이 모두 지쳤습니다. 그런데 설상가상으로 식량까지 바닥났습니다. 그제야 그들은 씨앗을 뿌리려고 했지만 때는 이미 늦었다는 것을 알게 되었습니다.

훗날 그들은 모두 황금 더미 옆에서 굶어 죽은 시체로 발견되었습니다.

감성과 우리 몸의 변화

엘미게이쓰라는 정신 의학자는 실험을 통해 매우 놀라운 사실을 발견했습니다. 사람이 숨쉬는 것은 눈으로 보이지 않지만 시험관에 액체를 넣고 공기를 냉각하면 침전물이 생긴다는 것입니다.

이 침전물은 감성의 변화에 따라 여러 가지 색으로 변하는데, 화를 낼 때는 밤색, 슬플 때는 회색, 후회할 때는 복숭아색으로 바뀐다는 것입니다. 이 중에 밤색으로 변한 침전물을 흰쥐에게 주사하면 흰쥐는 고통을 참지 못하고 죽어 간다고 합니다.

화를 낼 때 이런 무서운 독소가 생긴다니……. 화를 내거나 슬픈 건 나에게도 안 좋은 일이지만 다른 사람이 보기에도 좋지 않은 것 같습니다.

"웃으면 복이 온다" "웃는 얼굴에 침 못뱉는다"는 말이 있습니다. 어떤 사람은 불치의 병을 웃음으로 고쳤다는 이야기도 있습니다. 억지로라도 웃다 보면 웃을 일이 생기고 기쁨이 찾아온답니다.

인생이란?

 탈무드에 의하면 남자의 인생은 일곱 단계로 나눌 수 있다고 합니다.

첫째, 한 살은 임금님. 모두가 임금님 받들 듯이 달래기도 하고 기분을 맞춰 주기도 하기 때문입니다.

둘째, 두 살은 돼지. 진창 속을 뛰어 놉니다.

셋째, 열 살은 염소. 웃기도 하고 장난치기도 하고 날뛰며 놉니다.

넷째, 열여덟 살은 말. 커져서 자기 힘을 뽐내고 싶어 합니다.

다섯째, 결혼하면 당나귀. 가정이라는 무거운 짐을 짊어지고 터벅터벅 걸어야 하기 때문입니다.

여섯째, 중년은 개. 가족을 부양하기 위해 여러 사람의 호의를 졸라대야 합니다.

일곱째, 노년은 원숭이. 어린애 같아지고, 그럼에도 불구하고 아무도 관심을 가져 주지 않습니다.

위로

어느 할아버지가 암 진단을 받았습니다. 이 할아버지는 암 진단을 받은 날부터 갑자기 성격이 매우 난폭해졌습니다. 식구들이나 주변 사람들에게도 욕을 퍼붓고, 아무도 만나려 하지 않았습니다. 그런데 할아버지와 한 동네에 살아서 가끔 만나던 어린 꼬마가 할아버지가 아프다는 소식을 듣고 병원으로 찾아왔습니다.

식구들은 호기심 반 기대 반으로 그 꼬마를 들여보내며 말했습니다.

"한번 들어가서 할아버지를 만나 보렴."

그런데 한 20~30분 간 소년이 할아버지를 만나고 나온 뒤에 할아버지가 변했습니다. 태도가 갑자기 부드러워지고, 사람들도 만나고, 이야기도 하는 것이었습니다. 사람들은 이상해서 소년에게 물어보았습니다.

"꼬마야, 할아버지와 무슨 이야기를 했니?"

"아무 이야기도 안 했어요."

"그러면 도대체 할아버지랑 20~30분 동안이나 뭘 했니?"
"저요? 할아버지하고 같이 울었어요."

할아버지의 아픔을 자신의 아픔으로 느끼면서 함께 우는 순간, 더불어 껴안고 울던 그 눈물을 통해 할아버지의 아픔이 치유된 것입니다.

맥주를 주셔서 고맙습니다

인도의 어느 도시에 맥주 있는 집에서 있었던 일입니다. 크리스마스 이브 날 흥겨운 사람들로 붐비는 맥주 집에 한 젊은 여인이 들어왔습니다. 그녀는 술을 마시러 온 것이 아니고, "어려운 이웃을 도웁시다"라고 쓰여진 모금통을 들고 모금을 위해 들어온 것이었습니다. 차림새로 보아 그녀는 인도 사람이 아니었습니다. 이 여인은 맥주를 마시는 손님들 사이를 돌아다니며 도움을 부탁했습니다.

술이 취한 한 젊은이 앞에 여인이 섰습니다.

"따뜻한 손길을 기다리는 이웃을 위해……."

"필요 없어. 저리 가!"

"그러지 마시고, 조금만……."

"저리 가라니까! 에잇!"

젊은이는 마시던 맥주를 여인의 얼굴에 확 끼얹었습니다. 그곳에 있던 사람들이 모두 놀라서 쳐다보았습니다. 젊은이가 너무 지나치다고 생각한 것이지요.

그런데 여인은 조금도 당황하지 않고 차분한 목소리로 말했습니다.

"저에게는 맥주를 주셨습니다만, 헐벗고 굶주린 이웃들에게는 무엇을 주시겠습니까?"

그 젊은이는 얼굴을 붉히며 어찌할 바를 몰라 머뭇거렸습니다. 그러다가 지갑째 모금통에 넣고 도망치듯 나가 버렸습니다.

그 여인의 행동에 감동한 손님들은 모두 모금통에 돈을 넣었습니다. 그 여인이 바로 인도에서 처음으로 고아원을 세운 테레사 수녀님입니다.

망원경 렌즈 닦는 일

어느 천문대에서 아주 큰 망원경을 새로 갖추었습니다. 많은 천문학자들이 이 망원경으로 별을 관찰했습니다. 그리고 세월이 많이 흘렀습니다. 언제부턴가 망원경이 흐릿해지더니, 끝내 별을 관찰할 수 없게 되었습니다.

"망원경이 고장났나 봐."

"공기 오염 때문인지도 몰라. 이젠 새로운 망원경을 만들어야겠어."

이렇게 생각한 천문학자들은 그 망원경을 멀리했습니다.

한편, 천문대에는 허드렛일을 하는 할아버지가 있었습니다. 그 할아버지가 어느 날 천체 망원경을 살피다가 렌즈에 먼지가 잔뜩 끼어 있는 것을 발견했습니다.

"쯧쯧."

할아버지는 먼지를 말끔히 닦아냈습니다.

"어, 누가 망원경을 고쳤지? 잘 보이는구먼."

천문학자들은 다시 그 망원경으로 별들을 관찰하고, 우주를 바라볼 수 있게 되었습니다.

 그들은 아득히 멀리 떨어진 별들을 관찰한다면서 가까이 있는 렌즈에 낀 먼지를 보지 못했던 사실을 매우 부끄럽게 여겼습니다.

불타 버린 오두막

어느 배가 풍랑을 만나서 파선했습니다. 배 안에 있던 모든 사람이 풍랑에 휩쓸려 배와 함께 바닷속으로 빠져 들어갔습니다. 그런데 얼마쯤 후에 그 배에 탔던 한 젊은이가 무인도에 당도했습니다. 여러 사람이 파도에 밀려 무인도 해변으로 떠밀려 왔는데, 그 청년만 죽지 않고 살았던 것입니다.

살아난 청년은 파선된 배 안에 있던 물건들, 널빤지 조각들 등을 주워서 조그마한 오두막집을 지었습니다. 그리고 그 곳에 머물면서 그 무인도 곁으로 배가 지나가기를 기다렸습니다. 그러나 그 무인도 앞 바다는 배가 지나다니는 길이 아니었기 때문에 좀처럼 배가 가까이 지나가지 않았습니다.

그래서 멀리 배가 지나가는 것을 보면 불을 피워서 구조 요청을 했습니다. 하지만 연기를 보지 못해 그 청년을 구조하러 오지 않았습니다. 그러는 동안 청년은 무인도에서 사냥을 하며 연명(延命)하고 있었습니다.

어느 날 사냥을 하고 집에 돌아와 보니 오두막집이 불에 홀랑 타 버리고 말았습니다. 청년은 너무 안타까워서 두 다리를 뻗고 대성통곡을 했습니다.

그때 엔진 소리가 나더니 큰 배가 섬 가까이로 오고 있었습니다. 그리고 청년은 무사히 구조되었습니다.

"내가 여기 있는 줄 어떻게 알았습니까?"

"연기가 검게 올라와서 사람이 있는 줄 알고 왔지요."

청년은 오두막집이 불탔을 때 절망했지만, 그 오두막집이 전부 불타는 바람에 지나가던 배가 사람이 있는 줄 알고 구하기 위하여 왔던 것입니다. 결과적으로 볼 때, 그 오두막집이 불탄 것은 잘된 일이었습니다.

그 오두막집은 청년을 얼마 동안 행복하게 해줄 수 있었습니다. 그래서 그것이 불타 버렸을 때 청년은 슬퍼하며 대성통곡했습니다. 하지만 그로 인해 그는 구조될 수 있었던 것입니다.

흥부와 놀부

흥부와 놀부가 나이가 들어 죽었습니다. 둘은 같이 심판대에 올라갔습니다. 그 곳에서 달리기 시합을 했는데 둘 중 하나는 똥통에, 하나는 꿀통에 얼굴을 담그고 오라는 것이었습니다. 둘은 열심히 달려갔습니다. 그런데 놀부가 끝에쯤 와서 흥부의 발을 걸어 넘어뜨리고는 꿀통에서 얼굴 가득 꿀을 묻히고 돌아왔습니다. 흥부는 똥통에서 똥을 묻히고 돌아왔지요. 시험관이 뭐라고 했을까요? 둘이 마주보고 상대방 얼굴의 것을 핥아먹으라고 했답니다.

그 다음에 놀부는 지옥에 갔습니다. 맨 처음 방을 가니 구렁이들이 사람들을 칭칭 감고 괴롭히고 있더랍니다. 너무 무서워서 이렇게 말했습니다.

"난 여기 안 들어갈래요."

그래서 다음 방엘 갔더니, 거기엔 불 덩어리가 왔다갔다하더랍니다. 놀부는 "여기도 싫어요" 하면서 셋째 방으로 갔습니다. 그런데 거기엔 칼날과 바늘이 뾰족뾰족 솟아 나와 있어서 사람들이 고통을 당하고 있더랍니다. 그는 이 곳도 싫다고 하며 다음 방에 갔더니 사람들이 똥통에서 머리만 내놓고 있더랍니다. 놀부는 크게 말했습니다.

"여기가 좋아요."

그래서 똥통에 들어갔는데 하는 말인즉, "5분 동안 쉬었으니까 천년 동안 잠수"라고 하더랍니다.

지옥은 그 어디에도 편한 데가 없습니다.

늙은 어머니의 지혜

고구려 때 고려장이라는 풍습이 있었습니다. 박정승이라는 사람이 때마침 고려장을 당하게 된 자기 어머니 때문에 고민을 하다가 많은 궁리 끝에 어머니를 마루 밑에 숨겼습니다. 그리고 먹을 것과 입을 것을 때맞추어 마루 밑으로 내려 보내곤 했습니다.

안타까운 날들을 보내고 있던 어느 날, 당나라에서 사신이 왔습니다. 그는 고구려를 골탕먹이기 위해서 똑같이 생긴 말 두 필을 가져와서는 열흘 안에 어미 말과 새끼 말을 구분하라고 했습니다. 그 말들은 너무나 똑같이 생겨서 임금과 신하들은 걱정과 근심이 태산 같았습니다.

박정승이 수심에 가득 찬 얼굴로 집에 돌아오자 마루 밑의 어머니가 무슨 걱정이 있느냐고 물었습니다. 박정승은 말 두 필에 관한 이야기를 어머니께 해드렸습니다. 어머니는 그 말을 듣자 빙그레 웃으면서 박정승의 귀에 대고 몇 마디를 말씀했습니다.

"그건 어려운 문제가 아니다······."

다음날 박정승은 대궐로 들어가 말 두 필을 가져오게 했습니다. 그러고는 신하를 시켜 여물을 삼태기 가득 담아 오게 했습니다. 여물을 두 필의 말 앞에 갖다 놓자 그 중 한 필이 지체없이 달려들어 먹기 시작했고, 나머지 한 필은 그저 입맛을 다시다가 먼저 달려든 말이 먹기를 멈추고 물러서자 비로소 다가가 여물을 먹기 시작했습니다. 뒤에 먹은 말이 어미 말이었습니다.

그 광경을 보고 있던 임금과 신하는 박정승의 지혜에 감탄했습니다. 박정승은 이런 지혜를 가르쳐 준 사람이 자기의 늙은 어머니임을 밝히고 고려장 폐지를 탄원했습니다. 그 때부터 고려장이 폐지되었다고 전해 내려옵니다.

양사언의 어머니

 조선조 초기 명필가 '봉래 양사언'의 어머니에 관한 이야기입니다. 양사언의 어머니가 열세 살 때 혼자 집을 보고 있었는데 마침 지나가던 길손이 대문을 두드렸습니다.

"말이 지쳐서 더 이상 길을 갈 수 없으니 좀 쉬어 가게 해주십시오."

그때 소녀였던 양사언의 어머니가 이렇게 말했습니다.

"제가 말죽을 쑤어 드리지요."

그러고는 돗자리를 들고 와서 그 길손에게 나무 밑에서 쉬라고 하고 말죽뿐만 아니라 밥 한 상까지 차려 주면서 말했습니다.

"말이 지쳤으면 손님께선 얼마나 시장하셨겠습니까?"

길손은 그의 친절과 지혜로운 배려에 반해 버렸습니다.

이 길손의 이름은 양희수로 훗날 양사언의 아버지가 되며 성종 때 승지를 지내게 됩니다. 양사언의 어머니는 친절하고 지혜로운 현숙한 여인이었습니다.

제일 좋고도 제일 나쁜 것

지혜로운 노예 이솝에게 주인이 어느 날 손님을 초대하려고 하니 세상에서 제일 좋은 요리만을 만들라고 했습니다. 그러자 이솝은 시장에 가서 짐승의 혓바닥을 사서 온통 혓바닥 요리만 만들었습니다. 손님들은 처음에는 칭찬을 했으나 마지막에는 모두 기분이 상했습니다. 어떻게 된 일이냐고 주인이 꾸짖자 이솝은 대답했습니다.

"세상에 혀보다 좋은 것이 있습니까? 혀가 있기 때문에 인간은 말을 할 수 있고 또 지식을 전달하고 교양을 높일 수 있는 것이 아니겠습니까?"

말문이 막혀 더욱 화가 난 주인은 다음날 다시 손님을 초대하기로 했습니다. 이번에는 제일 나쁜 요리를 만들라고 했습니다. 그러나 이번에도 전날과 똑같은 혓바닥 요리만 나왔습니다. 화가 난 주인에게 이솝은 다시 이렇게 말했습니다.

"혀는 모든 말다툼의 근원입니다. 다툼의 어머니죠. 그뿐 아니라 거짓말과 중상모략의 그릇이란 말입니다."

판사와 주방장

일본에 사는 오카모도 겐이라는 사람의 이야기입니다.

그는 오사카 고등법원 형사부에서 총괄 판사로 있던 사람으로 굵직한 사건을 많이 처리한 유명한 판사였습니다.

그런 그가 36년 동안이나 해 오던 판사 자리를 하루아침에 내어놓고 요리 학원으로 들어갔습니다.

사람들은 너무 놀랐습니다. 그 좋은 직업을 버리고 왜 하필이면 아무도 알아주지 않으며 돈도 많이 벌지 못하는 힘들고 어려운 일을 택했는지 이해할 수가 없었습니다.

어쨌든 그는 칼 쓰는 법부터 양념 만들기에 이르기까지 새로 공부하여 1년 후에 정식 요리사 자격증을 땄습니다. 그리고 그는 자기가 일했던 법원 앞에다 두 평 남짓한 조그만 음식점을 내고, 음식점 이름을 '친구'라고 지었습니다.

그는 요리사가 되어 식당을 운영하는 게 최고로 행복하다는 말을 했습니다. 재판관이 되어 사람들에게 유죄를 선언할 때마다 가슴이 아팠던 것입니다. 그래서 재판관은 사람에게 기쁨을 줄 수 없는 직업이란 생각을 했던 것입니다.

자기 자신은 어렵게 살더라도 다른 사람에게 기쁨을 줄 수 있다면 그것이 최고로 행복하다는 것이 그의 생각이었습니다.

진실

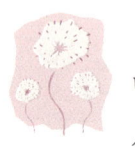재판이 열리게 되자 많은 방청객들이 법정을 가득 메웠습니다. 예민한 문제인 만큼 판사는 신중하게 한 사람 한 사람씩 심문을 하고는 이를 종합하여 배심원들과 논의를 했습니다. 그리고 드디어 판결이 내려졌습니다.

"귀 잡지사의 기사는 허위로 판명되었으며 개인의 명예를 훼손한 것이 인정되는 바, 귀사는 대통령에게 손해배상금을 지불하시오."

판결이 내려지자, 순간 방청석이 술렁이기 시작했습니다. 모두들 손해배상금을 내고 나면 잡지사는 더 이상 회사를 유지할 수 없을 것이라고 입을 모았습니다. 그때 판사의 말이 이어졌습니다.

"대통령이 요구한 손해배상금은 1달러입니다. 이만 재판을 마칩니다."

방청석은 다시 술렁이기 시작했고, 자기 귀를 의심한 비서관은 루스벨트에게 실망스런 목소리로 물었습니다.

"각하, 명예 훼손의 대가가 고작 1달러란 말입니까?"

그러자 대통령은 흐뭇한 미소를 지어 보이며 말했습니다.

"내겐 손해배상금은 의미가 없네. 중요한 것은 진실이야. 그리고 그 진실을 판단할 수 있는 것은 권력이 아니라 재판이지. 이제 진실이 밝혀졌으니 오해는 풀렸을 것이고, 나는 그것으로 만족하네."

화씨의 옥

다음은 「한비자」라는 책에 나오는 이야기입니다.

춘추전국 시대 때 초나라에 화씨 성을 가진 사람이 살고 있었습니다. 어느 날 화씨는 산길을 가다가 우연히 옥돌을 줍게 되었는데 언뜻 보기에도 귀하고 보기 드문 옥돌이라는 것을 알고는 초나라 왕에게 헌상을 했습니다.

그러나 옥을 감정하러 온 사람이 화씨가 가져온 옥은 볼품없는 돌에 불과하다고 감정했습니다. 그러자 초왕은 자기를 속였다고 생각하여 화가 나서는 화씨의 다리를 잘랐습니다.

두 번째 왕이 즉위했을 때도 화씨는 그 옥돌을 헌상했는데 두 번째 왕 역시 화를 내면서 다른 한쪽 다리마저 자르라고 했습니다.

왕을 위하는 마음에서 헌상을 했지만 그로 인해 두 다리가 잘린 화씨는 옥돌을 주운 산 밑에서 슬피 울고 있었습니다. 그때 세 번째 왕이 지나가다가 그 사연을 듣고는 옥돌을 보자 하더니 옥을 다듬는 사람을 데려다 돌을 갈아 보라고 명령했습니다. 그 결과, 드디어 그 옥돌의 가치를 알게 되었습니다.

그 후 화씨의 옥은 중국을 통일한 진시 황제의 손에 들어가 중국 최고의 보물인 황제의 옥쇄로 만들어졌습니다.

징글벨

존 파이어펜트는 주위 사람들이 보기엔 완전히 인생을 실패한 사람이었습니다. 그가 예일 대학교 학생일 때만 해도 훌륭한 출발을 보일 것이라 예상했습니다.

하지만 그는 처음으로 상당한 열정을 가지고 교사라는 직업을 택했는데 학생들에게 매우 너그럽게 대했기 때문에 교사로서 실패했습니다.

두 번째로 그는 변호사를 택했습니다. 하지만 손님들에게 매우 너그럽고 정의감이 투철해서 돈벌이 되는 사건을 맡을 수가 없었기 때문에 또 실패했습니다.

세 번째로 그는 사업가로 변신했습니다. 하지만 물건값을 제대로 쳐서 받지 못하고, 외상을 너무 잘 주었기 때문에 실패했습니다.

그리고 그가 네 번째로 도전한 것이 정치가였습니다. 하지만 노예 제도를 폐지하자고 호소하여 결국 낙선하고 말았습니다.

세인들의 눈에 보기에 실패를 거듭한 존 파이어펜트였지만,

그는 진정으로 사회 정의를 위해 힘썼고, 사랑을 베푸는 한 인간이 되기를 바랐습니다. 결국 교육은 개혁되었고, 소송 절차는 개선되었으며, 신용 거래법도 제정되었고, 노예 제도는 완전히 폐지되었습니다.

그리고 그는 우리에게 성탄절이 되면 울려 퍼지는 노래 "징글벨"을 남겼습니다.

당신은 너무나 선해서 손해를 보는 것 같습니까? 그렇다면 당신은 "징글벨"로 수십억 사람에게 기쁨을 주는 존과 동일한 사람입니다.

막사이사이 대통령

 필리핀이 아름답고 명랑한 나라가 되려면 공무원의 부패와 부정을 근절해야 한다고 외침으로써 필리핀의 대통령이 되었던 막사이사이는 겸손하고 성실한 사람이었습니다.

그는 루손도에서 한 대장장이의 아들로 태어났으나, 가난에 지지 않고 역경에 꺾이는 일이 없이 자라났습니다. 어릴 때부터 보고 겪고 느껴 온 필리핀 민족의 슬픔과 불행을 어떻게 해서든지 없애겠다는 높은 생각과 거짓 없고 올바른 사람이 되겠다는 그의 결심은 자동차 운전수 노릇을 하는 동안에도 옳지 않은 동료들에게 물들지 않게 했습니다.

얼마 후 착실하고 근면하고 성실한 그는 인정을 받아 양코 버스 회사의 지배인이 되었고, 제2차대전 후에는 국방 장관이 되더니, 마침내는 대통령까지 되었습니다. 그때 그의 나이는 겨우 46세였습니다.

그러나 그는 대통령이 되었어도 전과 조금도 달라지지 않았습니다. 여전히 소박하고 겸손했습니다.

"나의 직책은 대통령이지만, 내 마음은 이 나라의 한 병사다."

이것은 막사이사이가 늘 품고 있는 신념이었습니다. 그러므로 그는 늘 백성들과 같은 처지에서 살고, 같은 곳에 있었으며, 같은 생활을 하고, 또 같은 마음을 지니고 있을 수 있었던 것입니다.

대통령이 된 후 그가 골똘히 생각한 것은 이 나라의 백성들이 고생하는 까닭이 무엇이냐는 것이었습니다. 그리고 그는 그 이유가 공무원들이 권력을 사사로이 이용하고 권세를 쓰기 때문이라는 것을 깨달았습니다. 그래서 이러한 폐단을 없애기 위해 그는 공무원들의 재산을 모조리 등록하게 하여 부정한 뇌물을 받아 부해지는 일이 없게 했습니다.

이러한 조치는 대단히 큰 효과를 거두었습니다. 첫째로 공무원들이 부정한 짓을 하지 못하게 했을 뿐 아니라, 일반 국민들이 정부를 믿게 되어 말할 수 없이 부패했던 정치가 맑고 깨끗한 정치로 바뀌었던 것입니다.

일하여 얻자

 조선 시대에 청렴하기로 이름난 홍기섭이란 사람이 살았습니다. 그는 젊었을 때 몹시 가난하여 끼니를 잇기조차 어려웠습니다.

하루는 홍기섭의 집에 도둑이 들었습니다. 도둑은 집안 구석구석을 뒤졌으나 쓸 만한 물건이라고는 눈을 씻고 찾아봐도 없었습니다. 도둑은 오히려 처량한 생각이 들어 솥단지에 몇 푼의 돈을 넣어 두고 갔습니다.

다음날 아침, 어린 계집종이 부엌에 들어가 솥뚜껑을 여니 그 안에 돈 일곱 냥이 들어 있어서 횡재라도 한 듯 호들갑을 떨며 그 돈을 홍기섭에게 내밀었습니다.

"글쎄, 이 돈이 솥 안에 들어 있지 않겠습니까요. 나리, 아마도 하늘이 내려 주신 듯싶으니 이 돈으로 쌀과 땔감을 사면 어떻겠습니까?"

그러나 그 말을 들은 홍기섭의 표정은 심상치가 않았습니다.

"필시 이 돈 주인은 따로 있을 것이니 주인을 찾아 줘야겠다."

홍기섭은 글을 써서 여러 사람이 볼 수 있도록 대문 앞에 붙여 놓았습니다. 사람들이 웅성웅성하며 홍기섭의 집 앞에 몰려왔습니다. 돈을 두고 갔던 도둑도 홍기섭의 집 앞에 와서 대문에 써 붙인 방을 보고는 이상하게 생각했습니다. 도둑은 홍기섭을 만나 직접 그 이유를 들어봐야겠다고 작정했습니다. 그리고 잠시 후에 홍기섭을 만난 도둑이 그에게 물었습니다.

"남의 솥 안에 돈을 잃어버릴 사람이 어디 있습니까? 제가 생각해도 과연 하늘이 주신 것인데 어찌 주인을 찾아 준다 하십니까?"

"내 물건이 아닌 것이 확실한데 내가 어찌 가질 수 있겠는가?"

도둑은 홍기섭의 청렴함에 모든 것을 털어 놓지 않을 수 없었고, 그에게 다시는 도둑질을 하지 않기로 맹세하며 그 돈을 쓰도록 청했습니다. 그러나 홍기섭은 끝까지 거절했습니다.

홍기섭은 이와 같이 청렴하고 올바른 마음을 가져서 그 자손도 큰 복을 받았다고 합니다.

당신들은 패배주의자!

 미국의 저명한 은행의 은행장인 다우링이 상이 용사들의 초청을 받아 특강을 하게 되었습니다. 그런데 그는 특강을 하면서 상이 용사들을 막 공격했습니다.

"당신들은 패배주의자들입니다. 남을 의지하고, 국가의 연금을 축내며, 되는 대로 먹고 마시며 놀기만 하는 나쁜 사람들입니다. 왜 열심히 일하지 않고 자꾸 의지하려고만 ……."

나라를 위해 싸우다 부상당한 상이 용사들을 면전에서 그렇게 공격하니 그들은 화가 나서 그에게 맥주 병과 재떨이를 던지며 욕설을 퍼부었습니다. 그래도 그는 계속해서 공격했습니다.

"당신들이 잘못하고 있고, 당신들의 자세가 잘못된 것입니다."

그러자 상이 용사들이 미친 듯이 일어섰습니다.

그때 그는 자신의 한쪽 옷소매를 걷어 올렸습니다. 쇠갈고리가 나왔습니다. 다른 소매도 걷어 올렸습니다. 양팔 모두 가짜 팔이었습니다. 그는 바지도 걷어 올렸습니다. 양다리도 다 나무다리였습니다. 갑자기 분위기가 숙연해졌습니다.

"여러분, 나는 열두 살 때 교통사고를 당했는데, 눈 위에 10시간 동안 버려져 있었습니다. 그 바람에 두 팔과 두 다리를 다 잘라야만 했습니다. 나는 열두 살에 두 팔과 두 다리를 다 잃은 것입니다. 하지만 나는 의욕을 갖고 '이대로 최선을 다하며 살리라. 남에게 신세 지지 않고 살리라. 그리고 나는 성공하리라' 각오하고 최선을 다해 살아서 이렇게 은행장이 되었습니다. 양팔과 양다리가 없는 나도 노력해서 은행장이 되었는데 당신들은 나보다 낫지 않습니까? 왜 그냥 먹고 놀기만 합니까?"

모든 상이 용사들이 유구무언이었습니다.

친절한 마음

오랜 실직 생활로 걱정이 쌓인 청년이 있었습니다. 때는 불황이라 일자리 구하기가 쉽지 않았습니다. 그러다가 우연히 신문에 난 직원 모집 광고를 보고 그 곳에 전화를 걸었습니다. 인사 책임자는 먼저 면접을 볼 것을 요구했습니다.

그는 얼른 그 일자리를 잡기 위해 약속 시간에 맞춰 모집 회사로 가고 있었습니다. 그는 매우 조바심이 났습니다. 마음은 급했고, 이번에는 꼭 일자리를 놓치지 않으리라 다짐했습니다.

그런데 한참을 달리던 중 한 중년 부인이 자동차의 타이어가 터져 꼼짝 못하는 것을 보게 되었습니다. 부인은 아무런 수를 내지 못한 채 멍하니 서 있었습니다. 그는 망설였습니다. 그대로 계속 자동차를 몰고 간다고 해도 약속한 시간에 도착하기가 빠듯할 것 같았습니다.

그러나 그는 곤란을 겪고 있는 그 부인을 지나치지 못했습니다. 중요한 일로 길을 재촉하고 있었지만, 그는 자신의 일을 제쳐

두고 부인의 차로 다가갔습니다. 그리고 열심히 타이어를 갈아 끼워 주었습니다. 중년 부인은 땀을 흘리며 타이어를 가는 청년을 바라보며 고마워서 어쩔 줄 몰라했습니다.

청년은 타이어를 다 갈아 끼운 후 즉시 차에 탔습니다. 약속 시간은 훨씬 지나 있었습니다. 그는 좋은 직장을 얻기는 다 틀렸다고 생각했습니다. 그러나 자신이 한 일을 후회하지는 않았습니다.

그래도 그는 포기하지 않고 계속 차를 몰아 회사에 도착했습니다. 그리고 비록 늦었지만 면접을 할 수 있는 기회를 얻었습니다. 그런데 그 자리에서 청년은 일해도 좋다는 허락을 받았습니다.

놀랍게도 그 회사의 인사과장은 바로 자동차의 타이어가 고장 나 길가에서 곤란을 당하고 있던 그 중년 부인이었습니다.

포기하지 말라

태국에서 코끼리를 어떻게 잡는지를 소개하고자 합니다.

정글 속에서 으르렁대며 뛰어 나오는 코끼리를 미리 만들어 놓은 우리 같은 큰 집 속으로 들어가게 합니다. 그리고 코끼리가 들어가자마자 우리를 막아 버리는 큰 문이 덜커덕 하고 내려와 닫히게 합니다.

이제 코끼리 사냥꾼들은 갇혀 버린 코끼리 발에다 쇠사슬 줄을 맵니다. 이 쇠사슬 줄의 한 끝은 벵갈 보리수라는 튼튼하고 큰 나무에 매입니다.

이렇게 한 뒤에 우리를 치우고는 코끼리가 자유롭게 움직이도록 해주면, 코끼리는 며칠 또는 몇 주일 동안 발에 묶인 쇠사슬을 끌면서 그 나무를 뽑으려고 힘씁니다.

그러나 결국 코끼리는 자기 힘으로는 도저히 그것을 뽑지 못한다는 것을 깨닫게 되어 발에 묶인 쇠사슬이 팽팽하게만 되면 곧 포기해 버리고 힘을 쓰지 않는다고 합니다.

이제부터는 쇠사슬의 한쪽 끝에 그저 작은 기둥같이 생긴 아무거나 묶어 놓아도 팽팽하게만 만들 수 있는 정도의 것이면 아무 곳에나 코끼리를 묶어 놓을 수 있고, 서커스의 천막까지라도 끌고 가서 그 놈을 팔 수 있습니다.

이 코끼리의 모습은 '나는 이런 정도의 사람밖에 안돼!' 라고 하며 과거의 실패와 연약함에 포로가 되어 항상 쉽게 포기를 하는 사람의 모습과도 같습니다.

이와 비슷한 이야기가 또 있습니다. 어떤 초등학교에서 벼룩을 가지고 다음과 같은 실험을 했다고 합니다. 우선 여러 마리의 벼룩을 바닥에 놓고 사각형의 유리 덮개로 벼룩이 빠져 나가지 못하도록 덮었습니다. 그랬더니 벼룩들은 그 곳을 빠져 나오려고 펄쩍펄쩍 뛰면서 안간힘을 썼습니다. 그리고 얼마만큼의 시간이 흐른 뒤 유리 덮개를 치워 버렸습니다. 그런데 이상한 일이 생겼습니다. 유리 덮개를 치워도 벼룩들은 제자리에서 꼼짝도 하지 않고 있는 것이었습니다.

이 벼룩들 같은 사람들이 있습니다. 몇 번 시도해 보았다가 안 되면 포기해 버리는 소망 없는 사람들 말입니다.

몸의 향기

미국에 유학을 간 어떤 학생이 하루는 편지를 부치기 위하여 우체국으로 가고 있는데 강아지 한 마리가 계속해서 따라오고 있었습니다. 그 학생은 졸졸 따라오던 강아지를 쫓았으나 계속해서 따라오기에 억지로 쫓아 버렸던 것입니다.

기숙사에 돌아온 그 학생은 혼자 조용히 생각했습니다. '왜 강아지가 나를 그렇게 지긋지긋하게 따라왔을까?' 불현듯 그의 머리를 스쳐 가는 한 가지 생각이 있었습니다.

곧바로 그는 자취 도구가 있는 기숙사 부엌으로 가서 아침에 끓여 먹은 통조림 통의 글을 읽어 보았습니다. 깡통에는 개 그림이 그려져 있었고 'Dog's food', 즉 '개 밥'이라고 쓰여 있었습니다.

그는 깜짝 놀람과 동시에 너무 우스워서 껄껄대고 웃었습니다. 한편으로 망신스럽기도 했습니다. 그 유학생 몸에서 개가 좋아하는 음식 냄새가 풍겼기 때문에 강아지가 따라다닌 것입니다.

사실, 모든 사람에게는 저마다 인격의 냄새가 있는 법입니다. 나에게서는 무슨 냄새가 날까요? 나는 어떤 냄새를 풍기는 사람이 될까요? 사랑의 향기, 용서의 향기, 도덕의 향기 등 아름다운 향기를 내는 멋쟁이가 됩시다.

행복

아프리카에서 농장을 경영하던 백인 부부가 있었습니다. 어느 날 갑자기 남편을 잃게 된 여인은 농장을 떠나지 않으면 안 될 처지에 놓이게 되었습니다.

그런데 그 농장에서 일하던 흑인 하녀의 딸이 이별을 아쉬워하며 주인 여자에게 선물을 하나 주었습니다. 그것은 벌판에서 주워 가지고 놀던, 소녀가 가장 아끼는 빛나는 큰 돌이었습니다.

고향으로 돌아온 여인은 얼마 지나지 않아서 그것이 세계에서 가장 큰 다이아몬드임을 알았고 하루아침에 백만장자가 되었습니다. 여인은 어느 날 불현듯 흑인 소녀가 생각나서 싸구려 인형 하나를 사서 보냈습니다.

흑인 소녀는 그 인형과 더불어 행복했습니다. 매일 인형과 함께 이야기를 나누었습니다. 그리고 그녀는 나이가 들었을 때에 그 인형을 자기 딸에게 주었습니다. 그 딸은 어머니가 그랬던 것처럼 인형과 더불어 행복했습니다. 그것은 사랑하는 어머니의 인생 자체였기 때문입니다.

반면에 부자가 된 백인 여자는 돈 때문에 파생되는 자식들과의 불화와 자신의 돈을 노리는 온갖 사람들 때문에 고통 속에서 살다가 죽었습니다. 그리고 그 자식들은 엄청난 유산을 상속받았지만, 그들의 어머니가 그러했듯 그들도 일생 동안 돈으로 인한 고통 속에서 해방될 날이 없었습니다.

마리안 앤더슨

 마리안 앤더슨이라는 가수가 있었습니다. 그녀는 흑인 가수로서, 콘서트 가수로서 유명한 사람이었습니다. 어느 날 기자가 인터뷰를 하면서 그녀에게 물었습니다.

"당신의 생애에서 가장 즐거웠던 날은 언제입니까?"

마리안 앤더슨에게 즐거웠던 날은 참으로 많았습니다.

토스카니니라는 유명한 지휘자는 "앤더슨은 1세기에 하나 나올까 말까 한 훌륭한 음성을 가졌다"고 했습니다. 그런 칭찬을 들을 때마나 얼마나 좋았겠습니까? 또 그녀는 루스벨트 대통령 내외와 영국 여왕이 참석한 백악관의 파티에서 노래를 불렀습니다. 그리고 흑인으로서는 처음으로 큰 음악회를 여러 곳에서 열기도 했습니다. 정말로 그녀는 수많은 칭찬과 박수와 갈채를 받았습니다.

그러나 의외로 그녀는 이런 대답을 했습니다.

"내가 가수로 인정받고 어머니한테 돌아가서 '어머니, 이제부터는 남의 빨래를 하지 않아도 됩니다' 라고 말씀을 드린 그 날이 내 생애에서 가장 즐거웠습니다."

그녀는 한때 너무나 어려웠습니다. 그래서 늘 이런 말을 하곤 했습니다.

"어머니의 기도 덕분에 내가 있고, 몇 번이고 좌절할 때마다 어머니가 나를 위로했기에 나는 다시금 일어서서 이런 세계적인 가수가 되었다."

그래서 남의 빨래를 하면서 한평생을 산 어머니를 고난에서 해방시켜 드렸을 때, 그 때가 제일 행복했다는 것입니다.

수상을 감동시킨 효심

옛날 비엔나에서는 죄수를 일정 기간 시에서 청소부로 일하게 하는 것이 법으로 정해져 있었습니다.

어느 날 그 나라의 수상이 한가로이 창밖을 내려다보다 기이한 장면을 목격하게 되었습니다. 훌륭한 옷을 단정하게 차려입은 젊은 학생이 눈을 쓸고 있는 죄수 한 사람에게 다가가서 그의 때 묻은 까만 손에 정성껏 입맞춤을 하는 것이었습니다.

잠시 조용히 담소를 나누던 그들이 헤어지자, 수상은 그 죄수가 아마도 위험한 정치적 지도자이며, 그 청년은 그의 추종자일 것이라고 예측하고 즉시 젊은 학생을 잡아 오게 했습니다. 누구든지 죄인과 입맞춤을 하는 것은 보통 일로 생각할 수 없으며, 경우에 따라서 방관할 수 없는 일이라 여겼기 때문입니다.

수상은 붙잡혀 온 젊은 학생에게 조금 전에 만난 죄수와는 어떤 관계이며 무슨 말을 나누었는지를 따져 물었습니다. 그 학생은 자랑스럽게 대답했습니다.

"각하, 그 사람은 저의 아버지입니다."

뜻밖의 사실을 알고 할 말을 잃은 수상은 젊은 학생의 아버지에 대한 공경심에 감동하여 그 사실을 자신의 국왕께 상소했습니다. 그 일을 전해 들은 국왕도 자식을 그렇게 훌륭하게 교육시키고 또 그러한 애정을 자식의 마음속에 심어 준 사람이면 그 죄수는 나쁜 사람일 수 없다고 판단하여 즉시 석방하도록 명령했습니다.

풋사과 때문에

세계에서 가장 발이 빠르다는 '펠릭스 카르바할'의 이야기입니다.

그는 우편 배달부로 날마다 무거운 가방을 메고 온종일 뛰어다니다 보니 발이 빠르고 잘 뛸 수 있게 되었습니다. 그래서 그는 쿠바에서 마라톤 선수로 나가 많은 상을 받았습니다.

어느 날 제3회 올림픽 대회가 미국의 세인트루이스에서 열린다는 소식을 듣게 되었습니다. 그러나 그때 당시에는 올림픽에 나가려면 그 경비를 자기가 부담해야 했는데 그는 그 경비가 없었습니다. 그래서 아바나 시청 광장을 뛰면서 모금 운동을 펼쳐 여비를 마련했습니다.

그러나 그는 뉴올리언즈로 가는 배 안에서 도박을 하다가 여비를 몽땅 잃고 거지가 되고 말았습니다. 며칠 동안 거지 노릇을 하며 간신히 대회 전날이 되어서야 올림픽 경기장에 도착했습니다.

드디어 마라톤 대회가 열리는 날 그는 먹지 못해 많이 지쳐 있었지만 열심히 뛰기 시작했습니다. 역시 그는 실력이 있었습니다. 달리기를 하니까 힘이 솟았습니다. 수많은 선수들을 제치고 선두에서 뛰었습니다. 오히려 달릴수록 다른 선수들과의 거리가 더 멀어졌습니다.

"히히히 이제 1등은 따 놓은 당상이야!"

그는 신이나 노래를 부르며 가다가 길가에 주렁주렁 달린 사과를 보게 되었습니다. 그리고 아직 익지 않은 풋사과였지만 먹음직스러워 보였습니다. 그래서 뒤에 따라오는 사람도 없고 하니 1등은 놓치지 않겠지 하면서 풋사과를 다섯 개나 따 먹었습니다.

그런데 큰 일이 벌어지고 말았습니다. 배탈이 난 것입니다. 데굴데굴 구르다 간신히 일어나 죽을 힘을 다해 달렸으나 4등을 하고 말았습니다.

이 이야기는 1904년 세인트루이스 올림픽 대회에서 있었던 일입니다.

가마우지 낚시

중국에서는 잘 훈련된 물새 한 마리가 황소보다 비싼 값에 팔립니다.

부리가 길고 뾰족한 청동색의 가마우지는 고기잡이의 명수로 불립니다. '리 강'은 기다란 배에 가마우지를 태우고 물고기를 잡는 어부들로 늘 붐빕니다. 어부가 '오우' 하고 신호를 보내면 가마우지는 쏜살같이 물 속에 뛰어들어 팔뚝만한 물고기를 잡아 올립니다. 그러면 어부는 물새에게 물고기를 잡아 올린 대가로 작은 새우 한 마리를 줍니다.

하루를 굶은 가마우지는 정신없이 물고기를 잡아 올리지만, 제 마음대로 먹을 수 있는 물고기는 한 마리도 없습니다. 어부가 물새의 목을 노끈으로 묶어 놓았기 때문에 물고기를 삼킬 수 없는 것입니다.

가마우지 중에 어떤 놈은 웬만한 근로자의 한 달 월급과 맞먹는 양의 물고기를 하루에 잡아 올립니다. 그래서 잘 훈련된 '황금의 새'는 황소보다 고가에 팔리게 되는 것입니다.

사람의 값어치도 마찬가지입니다. 몸집과 명성에 의해 사람의 가치가 결정되지 않습니다. 혹독한 훈련을 통해 기술을 습득한 사람, 참고 견디며 많은 노력으로 실력을 쌓은 사람이 높이 평가를 받습니다.

희생

옛날 어느 곳에 신기한 물건을 가진 3형제가 살고 있었습니다. 큰형은 어떤 먼 곳도 볼 수 있는 신기한 망원경을 가지고 있었고, 둘째는 어디든지 빠른 시간에 갈 수 있는 날아다니는 양탄자를 가지고 있었으며, 셋째는 무슨 병이든 고칠 수 있는 신기한 사과를 가지고 있었습니다.

그 나라 임금님에게는 하나밖에 없는 외동딸이 있었습니다. 그런데 공주가 그만 병이 났습니다. 아무리 용한 의원이 와서 고치려 해도 도무지 병을 고칠 수가 없었습니다. 하는 수 없이 임금님은 방을 써 붙였습니다. 누구든지 공주의 병을 고치는 사람을 공주의 남편으로 삼겠다는 내용이었습니다. 그 후 많은 사람들이 다녀갔지만 공주의 병은 차도가 없었습니다.

그러던 어느 날 큰형이 망원경으로 여기저기를 바라보다가 많은 사람이 몰려 있는 곳을 보게 되었습니다. 자세히 보니 임금님이 공주의 병을 고치는 사람을 사위로 삼겠다는 내용의 방이 붙어 있는 것이었습니다. 즉시 삼형제는 양탄자를 타고 궁전으로 날아갔습니다. 그리고 막내의 사과로 공주의 병을 고쳤습니다.

그런데 큰일입니다. 공주는 하나인데 세 형제와 결혼할 수는 없고 한 사람을 택하려면 누구를 택해야 할까요? 많은 고민 끝에 공주는 막내와 결혼을 하기로 했습니다. 첫째와 둘째는 아직도 보물이 남아 있지만, 막내의 사과는 공주의 병을 고치느라 다 써 버렸기 때문입니다.

장수의 비결

세계에서 가장 장수하는 사람들의 직업은 다름아닌 '지휘자'라고 합니다. 미국 미네소타 의과 대학교 데일 앤더슨 박사는 지휘봉을 흔드는 것이 심폐 기능을 강화시키고 유연성을 길러 주며 엔돌핀을 증가시킨다고 밝히고 있습니다. 지휘는 스트레스와 통증을 해소하는 데 탁월한 효과가 있기 때문입니다. 그는 볼펜과 젓가락을 흔드는 것도 동일한 효과가 있음을 강조했습니다. 그래서 최근 일본인들 사이에는 집에서 음악을 틀어 놓고 열광적으로 지휘하는 '지휘 체조법'이 크게 유행하고 있습니다.

세계적인 지휘자들의 평균 수명을 보면 '지휘봉 효과'에 대해 더욱 신뢰할 수 있습니다. 음주벽이 심했던 베르디와 스트라빈스키도 장수했고, 레오폴드 스토코프스키는 95세, 아르투로 토스카니니는 89세, 카라얀은 81세, 아드리언 볼트는 93세를 향유했습니다. 항상 흥얼거리는 즐거운 마음과 몸 동작은 컨디션을 최고로 만들어 줍니다.

아름다운 사람 아름다운 이야기

초판 발행 | 2016년 4월 15일

엮은이　김재숙
펴낸이　임만호
펴낸곳　창조문예사
등 록　제16-2770호(2002.7.23)
주 소　06097) 서울시 강남구 선릉로 112길 36(삼성동) 창조빌딩 2층
전 화　02)544-3468~9
F A X　02)511-3920

Printed in Korea
ISBN 979-11-86545-16-4　03810

정가 9,000원